CITY|TRIP
OSLO

Inhalt

Nicht verpassen!	1
Benutzungshinweise	5

Auf ins Vergnügen — 7

Oslo an einem Wochenende	8
Zur richtigen Zeit am richtigen Ort	9
Oslo für Citybummler	11
Oslo für Kauflustige	12
Oslo für Genießer	16
Oslo am Abend	21
Oslo für Kunst- und Museumsfreunde	23
Oslo zum Träumen und Entspannen	27

Am Puls der Stadt — 29

Das Antlitz der Hauptstadt	30
Von den Anfängen bis zur Gegenwart	31
Leben in der Stadt	33
Projekt Fjordbyen	35

Oslo entdecken — 37

Im Zentrum Oslos — 38

❶ Karl Johans gate ★★★	38
❷ Dom (Domkirke) und Stortorvet ★★	41
❸ Parlamentsgebäude ★★	43
❹ Nationaltheater ★★	44
❺ Universität	45
❻ Königliches Schloss ★★★	46
❼ Nationalgalerie ★★★	48
❽ Historisches Museum ★★	48
❾ Rathaus ★★★	50
❿ Pipervika, Victoria terrasse und Stenersenmuseet ★	52
⓫ Ibsen-Museum ★	54
⓬ Friedensnobelpreiszentrum ★★	55
⓭ Aker Brygge/Tjuvholmen ★★★	56
⓮ Astrup-Fearnley-Museum ★	57
⓯ Festung Akershus ★★★	57
⓰ Inseln im Oslofjord ★	60
⓱ Kvadraturen ★	62
⓲ Museum für Gegenwartskunst ★	64
⓳ Oper ★★★	65

Museumshalbinsel Bygdøy — 66

⓴ Norwegisches Freilichtmuseum ★★	67
㉑ Wikingerschiffsmuseum ★★★	69
㉒ Kon-Tiki-Museum ★★	72
㉓ Fram-Museum ★★★	73
㉔ Norwegisches Seefahrtsmuseum ★	74
㉕ Oscarshall ★★	75
㉖ HL-Senteret ★	76

Westliche Innenstadt 76
- ㉗ Frogner ★★ 76
- ㉘ Frognerpark (Vigelandspark) ★★★ 78
- ㉙ Stadtmuseum ★ 80
- ㉚ Vigeland-Museum ★ 81
- ㉛ Internationales Kinderkunstmuseum ★★ 81

Nördliche Innenstadt 81
- ㉜ Akersgata, Grensen und Trefoldighetskirken ★ 81
- ㉝ Kunsthandwerksmuseum ★ 82
- ㉞ Vår Frelsers Gravlund ★★ 83
- ㉟ Damstredet ★ 83
- ㊱ Gamle Aker Kirke und Telthusbakken ★ 84
- ㊲ Grünerløkka ★★ 84
- ㊳ DogA ★ 86
- ㊴ Jüdisches Museum ★ 86
- ㊵ Youngstorget ★ 87

Östliche Innenstadt 88
- ㊶ Grønland ★★ 88
- ㊷ Gamlebyen ★ 89
- ㊸ Ekeberg ★ 91
- ㊹ Munch-Museum ★★★ 92
- ㊺ Botanischer Garten und Naturhistorische Museen ★ 93

Entdeckungen außerhalb der Innenstadt 96
- ㊻ Emanuel Vigeland Museum ★★ 96
- ㊼ Holmenkollen und Skimuseum ★★★ 97
- ㊽ Bogstad Gård ★ 99
- ㊾ Bærums Verk ★ 100
- ㊿ Henie Onstad Kunstsenter ★★ 101
- 51 Sognsvann und Nordmarka ★★ 102
- 52 Norsk Teknisk Museum ★★ 102

Praktische Reisetipps 103
- An- und Rückreise 104
- Autofahren 107
- Barrierefreies Reisen 109
- Diplomatische Vertretungen 109
- Ein- und Ausreisebestimmungen 109
- Geldfragen 109
- Informationsquellen 111
- Internet und Internetcafés 112
- Medizinische Versorgung 112
- Mit Kindern unterwegs 114
- Notfälle 115
- Öffnungszeiten 116
- Post 116
- Radfahren 116
- Schwule und Lesben 117
- Sicherheit 117
- Sport und Erholung 118
- Sprache 119
- Stadttouren 119
- Telefonieren 120
- Uhrzeit 120
- Unterkunft 120
- Verhaltenstipps 126
- Verkehrsmittel 126
- Wetter und Reisezeit 127

Anhang 129
- Kleine Sprachhilfe 130
- Register 136
- Liste der Karteneinträge 139
- Der Autor 144

Exkurse zwischendurch
- Das gibt es nur in Oslo 11
- Smoker's Guide. 18
- Der Streit um das richtige Norwegisch 45
- Alfred Nobels Erbe 55
- Die Wikinger. 71
- Edvard Munch 93
- Durch die Viertel Lille Tøyen, Kampen und Vålerenga. 94
- Oslo preiswert. 110
- Meine Literaturtipps 113

Benutzungshinweise

Cityatlas und City-Faltplan

Die im Buch beschriebenen Örtlichkeiten wie Sehenswürdigkeiten, Restaurants, Hotels, Cafés usw. sind im Kartenmaterial mit Symbol und Nummer eingetragen.

Orientierungssystem

Zur schnelleren Orientierung tragen alle Hauptsehenswürdigkeiten und Lokalitäten sowohl im Text als auch im Kartenmaterial die gleiche Nummer:

- ❾ Mit einer fortlaufenden magentafarbenen Nummer sind die Hauptsehenswürdigkeiten gekennzeichnet. Steht die Nummer im Fließtext, verweist sie auf die Beschreibung dieser Sehenswürdigkeit im Kapitel „Oslo entdecken".
- 🛍9 Mit Symbol und fortlaufender Nummer werden die sonstigen Lokalitäten wie Cafés, Geschäfte, Hotels, Infostellen usw. gekennzeichnet.
- ❯ Die farbige Linie markiert den Verlauf des Stadtspaziergangs (s. S. 8).

[K11] In eckigen Klammern steht das Planquadrat im Kartenmaterial, in diesem Beispiel Planquadrat K11.

Ortsmarken ohne Angabe des Planquadrats liegen außerhalb des Kartenmaterials. Sie können aber wie alle Örtlichkeiten in unseren speziell aufbereiteten Luftbildkarten auf der Produktseite dieses Buches unter www.reise-know-how.de lokalisiert werden.

Besonderheiten

- ❯ In Norwegen gibt es **keine Ortsvorwahlen**. Diese sind in den achtstelligen Nummern integriert.
- ❯ Im Norwegischen wird der bestimmte Artikel an das Substantiv angehängt: *gate* (Straße), *gata* (die Straße). Der weibliche Artikel darf durch den männlichen ersetzt werden, weshalb „gaten" auch zulässig ist.
- ❯ Oslo hieß bis 1924 **Christiania**, weshalb dieser Name auch oft im Text Erwähnung findet.

Abkürzungen

nkr		Norwegische Kronen
gt.	*gate*	Straße
pl	*plass*	Platz
vn.	*vei*	Straße, Weg

Bewertung der Sehenswürdigkeiten

★★★	auf keinen Fall verpassen
★★	besonders sehenswert
★	wichtige Sehenswürdigkeit für speziell interessierte Besucher

Impressum

Martin Schmidt

CityTrip Oslo

erschienen im
REISE KNOW-HOW Verlag Peter Rump GmbH,
Osnabrücker Str. 79, 33649 Bielefeld

© Peter Rump 2011
**2., neu bearbeitete und komplett
aktualisierte Auflage 2012**
Alle Rechte vorbehalten.

ISBN 978-3-8317-2222-8
PRINTED IN GERMANY

Dieses Buch ist erhältlich in jeder Buchhandlung Deutschlands, der Schweiz, Österreichs, Belgiens und der Niederlande. Bitte informieren Sie Ihren Buchhändler über folgende Bezugsadressen:
Deutschland: Prolit GmbH, Postfach 9, D-35461 Fernwald (Annerod) sowie alle Barsortimente
Schweiz: AVA Verlagsauslieferung AG, Postfach 27, CH-8910 Affoltern
Österreich: Mohr Morawa Buchvertrieb GmbH, Sulzengasse 2, A-1230 Wien
Niederlande, Belgien: Willems Adventure, www.willemsadventure.nl

Wer im Buchhandel kein Glück hat, bekommt unsere Bücher auch über unseren Büchershop im Internet:
www.reise-know-how.de

Herausgeber: Klaus Werner
Lektorat: amundo media GmbH
Layout: Günter Pawlak (Umschlag), Anna Medvedev (Inhalt)
Karten: Ingenieurbüro B. Spachmüller, amundo media GmbH
Druck und Bindung: Himmer AG, Augsburg
Fotos: siehe Bildnachweis S. 144
Anzeigenvertrieb: KV Kommunalverlag GmbH & Co. KG, Alte Landstraße 23, 85521 Ottobrunn, Tel. 089 928096-0, info@kommunal-verlag.de

Alle Informationen in diesem Buch sind vom Autor mit größter Sorgfalt gesammelt und vom Lektorat des Verlages gewissenhaft bearbeitet und überprüft worden. Da inhaltliche und sachliche Fehler nicht ausgeschlossen werden können, erklärt der Verlag, dass alle Angaben im Sinne der Produkthaftung ohne Garantie erfolgen und dass Verlag wie Autor keinerlei Verantwortung und Haftung für inhaltliche und sachliche Fehler übernehmen.
Die Nennung von Firmen und ihren Produkten und ihre Reihenfolge sind als Beispiel ohne Wertung gegenüber anderen anzusehen. Qualitäts- und Quantitätsangaben sind rein subjektive Einschätzungen des Autors und dienen keinesfalls der Bewerbung von Firmen oder Produkten.

Wir freuen uns über Kritik, Kommentare und Verbesserungsvorschläge:
info@reise-know-how.de

Latest News
Unter www.reise-know-how.de werden regelmäßig aktuelle Ergänzungen und Änderungen der Autoren und Leser zum vorliegenden Buch bereitgestellt.
Sie sind auf der Produktseite dieses CityTrip-Titels abrufbar.

www.reise-know-how.de
- Ergänzungen nach Redaktionsschluss
- kostenlose Zusatzinfos und Downloads
- das komplette Verlagsprogramm
- aktuelle Erscheinungstermine
- Newsletter abonnieren

Verlagsshop mit Sonderangeboten

Auf ins Vergnügen

Oslo an einem Wochenende

1. Tag: Spaziergang durch Oslo

Ein Besuch Oslos sollte am ersten Tag im Herzen der Innenstadt auf der **Karl Johans gate** ❶ beginnen. Bei einem Bummel über diese belebte Straße kann man auf wenigen Hundert Metern viele Facetten der Stadt kennenlernen. Mit dem Hauptbahnhof als Startpunkt passiert man zunächst die **Domkirche** ❷ und erreicht dann das **Parlamentsgebäude** ❸. Von hier geht es durch das Viertel **Kvadraturen** ⓱ Richtung Hafen, bis man zum zentralen Punkt des Viertels, **Christiania Torv**, gelangt. Nach einem kurzen Abstecher zur **Festung Akershus** ⓯, die dem Besucher Erholung und einen tollen Blick über den Fjord bietet, setzen wir den Weg am Ufer entlang fort. Unbedingt einen Besuch wert sind hier das **Rathaus** ❾ und das über den Friedensnobelpreis thematisch damit verbundene **Friedensnobelpreismuseum** ⓬. Gelegenheit für einen Snack bietet sich im Trubel der **Aker Brygge** ⓭.

Zurück zum Rathaus und die Roald Amundsumsgate hinauf, denn nun gilt es, den zweiten Abschnitt der **Johans gate** ❶ zu erkunden. Vorbei an **Nationaltheater** ❹ und Universität gelangt man schließlich zum **Königlichen Schloss** ❻. Kunstinteressierte sollten zudem die in einer Nebenstraße gelegene **Nationalgalerie** ❼ nicht auslassen.

Wer möchte, kann den Spaziergang noch zu den Skulpturen des **Vigelandsparks** ㉘ fortsetzen, der Tag und Nacht geöffnet ist. Die beeindruckenden Plastiken Vigelands

◀ *Vorseite: Die Karl Johans gate* ❶

> **Routenverlauf im Stadtplan**
> Der hier beschriebene Spaziergang ist mit einer farbigen Linie im Stadtplan eingezeichnet.

strahlen im Abendlicht eine besondere Wirkung aus. Ausklingen kann der Abend auf dem **Dach der neuen Oper** ⓳ oder in einem der Lokale am Wasser auf der Aker Brygge.

2. Tag: Das Oslo der Kontraste

Am zweiten Tag geht es nun mit dem Boot oder dem Bus zur **Museumshalbinsel Bygdøy**. Hier sollten das **Wikingerschiffsmuseum** ㉑, das **Fram-Museum** ㉓ und das Norwegische **Freilichtmuseum** ⓴ keinesfalls verpasst werden. Für den Nachmittag lohnen ein Ausflug zum weltberühmten **Munch-Museum** ㊹, das nicht nur seine berühmtesten Gemälde wie „Der Schrei" umfasst, sondern auch die weniger bekannten Zeichnungen und Fotografien Munchs. Alternativ bietet sich ein Ausflug in die charmanten Stadtviertel **Grønland** ㊶ oder **Grünerløkka** ㊲ an, in denen man abseits der üblichen Besucherrouten die Atmosphäre des alltäglichen Oslo aufsaugen kann.

Abgerundet wird der Tag bei einem **Blick von der Aussichtsplattform des Holmenkollen** ㊼, der wohl berühmtesten Skisprungschanze der Welt, über ganz Oslo und den Oslofjord. Wer nach all den Eindrücken Hunger verspürt, aber auf den Ausblick nicht verzichten möchte, kann im nahe gelegenen Restaurant **Frognerseteren** (s. S. 98) den Abend ausklingen lassen.

Zur richtigen Zeit am richtigen Ort

Frühling

> **Oslo Internasjonale Kirkemusikkfestival** (März): Kirchenmusik vom Mittelalter bis heute (www.oslokirkemusikkfestival.no)
> **Holmenkollen Skifestival** (Anfang–Mitte März): Skispringen, Biathlon, Langlauf und Kombinationswettbewerbe am Holmenkollen ㊼, 2011 zudem Nordische Ski-WM (www.holmenkollen.com)
> **17. Mai:** Anlässlich des **Nationalfeiertags** finden farbenfrohe Umzüge, vor allem auf der Karl Johans gate ❶ in Richtung Schloss, statt. Fröhlicher wird man Oslo sonst kaum erleben.

Sommer

> **Musikkfest Oslo** (meist 1. Sa. im Juni): Gratismusik auf 30 Bühnen in der Stadt (http://musikkfest.no)
> **Bislett Games** (meist 1. Sa. im Juni): internationales Diamond-League-Leichtathletiktreffen im Bislett Stadion (www.diamondleague-oslo.com)
> **Norwegian Wood** (Anfang/Mitte Juni): großes Rockfestival mit nationalen wie auch internationalen Größen (www.norwegianwood.no)
> **Middelalderfestivalen** (Mitte/Ende Juni): großes Mittelalterfest in Gamlebyen ㊷
> **Skeive Dager** (Ende Juni): Queer-Festival mit Paraden, Musik und Theater (www.skeivedager.no)
> **Store Styrkeprøven** (Ende Juni): bekanntes Amateurradrennen über 540 km von Trondheim nach Oslo – an einem Tag (www.styrkeproven.no/de)
> **Norway Cup** (Ende Juli–Anf. Aug.): weltgrößtes Jugendfußballturnier auf dem Ekeberg ㊸ mit bis zu 30.000 Teilnehmern (www.norwaycup.no)
> **Øyafestivalen** (Mitte Aug.): großes Rock- und Popfestival mit unzähligen Bands (www.oyafestivalen.com)
> **Oslo Jazzfestival** (Mitte Aug.): wichtiges Jazzfestival mit internationalen Künstlern und einer Parade (www.oslojazz.no)
> **Oslo Kammermusikk Festival** (Ende Aug.): Viele nationale und internationale

EXTRATIPP: Ostern und 17. Mai

Mit dem Bau der ersten Eisenbahnlinien in Richtung Gebirge und der Einführung einer Urlaubszeit wurde es um 1900 Tradition, das **Osterfest mit Skifahren** auf den Hochplateaus des Landes zu verbringen und sich nach dem dunklen Winter die „Osterbräune" zu holen. Im Prinzip heißt das, dass um Ostern in den Oslo-nahen Urlaubsorten die Übernachtungspreise um das Dreifache ansteigen, die Stadt hingegen nahezu menschenleer ist.

Ganz anders sieht es am **Nationalfeiertag**, dem 17. Mai, aus. Oslo quillt dann nahezu über vor fröhlich feiernden Menschen und man merkt nichts von der angeblichen nordischen Zurückhaltung.

Enthusiastisch wird der Königsfamilie auf dem Balkon des Schlosses und den Kindern zugejubelt, die nach Schulen geordnet, singend und Fähnchen schwenkend durch die Straßen marschieren. Überhaupt ist die Stadt ein einziges Fahnenmeer und überall finden Veranstaltungen statt.

Wichtig ist an diesem Tag die **Kleidung**! Nur bei den *Russ*, also den Abiturienten des jeweiligen Jahres, darf es leger sein. Diese tragen rote oder blaue Overalls und feiern wilde Feste, bevor mit den Prüfungen der Ernst des Lebens beginnt. Alle anderen tragen die traditionellen Trachten *(bunad)* ihrer Region oder zumindest Anzug oder Norwegerpulli.

Auf ins Vergnügen
Zur richtigen Zeit am richtigen Ort

Klassik-Stars beehren dieses Festival der Kammermusik, während dessen auch Gratiskonzerte stattfinden (www.oslokammermusikkfestival.no).
› **Ibsenfestivalen** (Ende Aug./Anf. Sep.): alle zwei Jahre (in geraden Jahren) stattfindendes, dem Dramatiker Henrik Ibsen gewidmetes Festival mit Theatergruppen aus aller Welt, zudem Vorträge und Lesungen (www.ibsenfestivalen.no)

Herbst

› **Folkelarm** (Anfang/Mitte Sep.): Während des Folkmusik-Festivals mit sehr guten Bands aus Skandinavien sind traditionelle wie auch moderne Klänge zu hören (www.folkelarm.no).
› **Høstutstillingen** (Anf. Sep.–Anf. Okt.): Herbstausstellung der Osloer Künstler, bei der diese ihre Jahresproduktion der Öffentlichkeit präsentieren und dabei auch neue Trends setzen (www.billedkunst.no/hostutstillingen).
› **Ultima** (Mitte Sep.): bekanntes Festival für zeitgenössische Musik und Klanginstallationen (www.ultima.no)
› **Oslo Open** (Ende Sep.): Tag des offenen Ateliers, Kulturnacht (www.osloopen.no)
› **Film fra Sør** (Mitte Okt.): „Filme aus dem Süden" nennt sich das Festival und umfasst damit eigentlich alle Produktionen außerhalb Skandinaviens, vor allem solche, die gewöhnlich nicht den Weg ins Kino finden (alle Filme im Original mit Untertiteln, www.filmfrasor.no).
› **Oslo World Music Festival** (Anf. Nov.): Das Fest bringt Leben in den grauen Herbstalltag (www.rikskonsertene.no/osloworldmusicfestival).

Winter

› **Nobeldagene** (10./11. Dez.): Veranstaltungen anlässlich der Verleihung des Friedensnobelpreises, u. a. Fackelzug zum Grand Hotel und Festkonzert (http://nobelpeaceprize.org/concert)
› **Weihnachtsmärkte**: In Anlehnung an die deutschen Weihnachtsmärkte finden seit einiger Zeit ähnliche Märkte in Norwegen statt. Es wird weniger Wert auf Essen und Trinken als auf Handwerksprodukte und Atmosphäre gelegt: Bærums Verk ㊾ (bis Mitte Dez.), Freilichtmuseum ⓴ (2. und 3. Advent), vor dem Rathaus ❾ (1. bis 4. Advent), Weihnachtsmarkt der Designer im DogA ㊳ (2. Advent). Auch die Karl Johans gate ❶ ist geschmückt.
› **Vinter Jazz** (Ende Jan.–Anf. Feb.): Jazzfestival mit norwegischen Spitzenmusikern (www.vinterjazz.no)

Feiertage

Die Geschäfte und die meisten Museen haben an den folgenden Tagen geschlossen.
› **Nyttår:** Neujahrstag (1. Januar)
› **Palmesøndag:** Palmsonntag
› **Påske:** Ostern (So. und Mo.)
› **Første mai:** Tag der Arbeit (1. Mai)
› **Syttende mai:** Nationalfeiertag (17. Mai)
› **Kristi himmelfartsdag:** Christi Himmelfahrt
› **Pinse:** Pfingsten (So. und Mo.)
› **Jul:** Weihnachten (25. und 26. Dezember)

Oslo für Citybummler

Oslo ist eine Stadt am Wasser und im Gebirge gleichermaßen. Nur 20 Minuten sind es mit der T-bane von den kreischenden Möwen ins Reich der Elche. Dazwischen erstreckt sich eine Stadt mit idyllischen Holzhausvierteln, kantigen Häuserfronten und verspielten Gründerzeitfassaden.

Den besten Eindruck von Oslo erhält man bei der **Anreise mit der Fähre** (s. S. 105). Dabei fällt sofort auf, dass sich Citybummler in Oslo nicht auf die urbanen Lebensräume beschränken müssen. Es können die malerischen Inselchen im Fjord, die idyllische Museumshalbinsel Bygdøy und die Wälder der Nordmarka mit der emporragenden, silbern glänzenden Schanze des Holmenkollen ❹ ebenso erkundet werden wie die quirlige Innenstadt mit ihrem Mix aus Alt und Neu, der Prachtstraße Karl Johans gate ❶, dem Einkaufs- und Erlebniszentrum Aker Brygge ⓭ und der ehrwürdigen Festung Akershus ⓯. Überall laden Cafés zum Verweilen ein und man merkt schnell, dass man in einer gemütlichen, lebendigen, aber gewiss nicht übermäßig hektischen Stadt angekommen ist.

Oslo lässt sich **bestens zu Fuß erkunden**, wobei die Kontraste der Stadt ins Auge fallen. Läuft man vom Königlichen Schloss ❻ in Richtung des Vigelandsparks ㉘, so passiert man mondäne Villen und stattliche Bürgerhäuser. Bei einem Bummel durch das Viertel Grünerløkka ㊲, im Osten der Stadt, wird man hingegen auf schlichtere Gründerzeitbauten treffen. **Das alte Oslo** in Form von kleinen Holzhäusern kann rund um die romanische Gamle Aker Kirche ㊱ und in den Vierteln Kampen und Vålerenga (s. S. 94) entdeckt werden. Wirkt die Stadt hier eher verschlafen, so sprüht sie im ehemaligen Armenviertel Grønland nur so vor Dynamik – was der Umgestaltung der Region um die neue Oper ⓳ zu schulden ist, wo spannend gestaltete Neubauten entstehen.

Fußmüde Gäste können auch auf die **Straßenbahn** zurückgreifen. Ab dem Hauptbahnhof geht es mit der Linie 12 am wuchtigen Rathaus ❾ vorbei in Richtung Vigelandspark ㉘ und Majorstuen und ab hier zurück zum Bahnhof mit der Linie 19. In Richtung Grünerløkka ㊲ verkehrt ebenfalls die 12.

Für einen Orientierung bietenden **Blick über die Stadt** empfiehlt sich der schon erwähnte **Holmenkollen** ❹. Hier kann der Gast mühelos per Lift auf eine Aussichtsterrasse am Schanzentisch fahren und so die herrliche Lage Oslos bestaunen.

Das gibt es nur in Oslo

› Eiskalte Drinks in polaren Räumlichkeiten: die Ice Bar (s. S. 20)
› Eine „Eisscholle", der man aufs Dach steigen kann: die neue Oper der Stadt ⓳
› Ein Museum mit Kunst von und für Kinder: das Internationale Kinderkunstmuseum ㉛
› Eine großstädtische Sprungschanze mit Panoramablick über den Oslofjord: der Holmenkollen ❹

◀ *Umzug auf der Karl Johans gate* ❶ *am 17. Mai, dem Nationalfeiertag (s. S. 9)*

Oslo für Kauflustige

Norwegen gilt als ein recht teures Land und Oslo als eine der teuersten Städte der Welt. Kann man hier denn shoppen gehen? Klar, man kann! Denn einerseits sind die Preise zumindest in puncto Mode gar nicht mal so viel höher als in Deutschland und andererseits lohnt es sich immer, die Geschäfte mit den typisch norwegischen Produkten, die Spezialläden mit nordischem Design und die Sportläden mit den exklusiven Outdoormarken des Landes aufzusuchen. Zudem locken viele Rabattaktionen im Januar und Juli mit wirklich günstigen Preisen und Nachlässen von bis zu 50 % (auf die großen „Salg"-Schilder achten).

Neben den vielen großen **Einkaufszentren** (s. u.), die vor allem bei schlechtem Wetter zum Shoppen einladen und meist neben der Standardauswahl durchaus auch viele Spezialläden umfassen, gibt es **drei große Einkaufsstraßen**. Zum einen ist dies die **Karl Johans gate** ❶. In Richtung Bahnhof sind vor allem preiswerte Geschäfte zu finden, in Richtung Schloss hingegen Läden mit gehobenem Preisniveau. Eine gute Auswahl, vor allem an Sportläden, bietet auch die Parallelstraße **Grensen**. Meist richtig teuer sind viele der Geschäfte entlang des **Bogstadveien** [I6/7] im Westen der Stadt.

Zum Erlebnis wird das Einkaufen auch in den Vierteln **Grünerløkka** ㊲ mit seinen Spezialläden und **Grønland** ㊶, wo es preiswerte Obst- und Gemüseläden, Gewürzhändler und orientalische Geschäfte gibt.

Beim Einkauf von **Lebensmitteln** ist zu beachten, dass nur die Discounter Rema 1000, Kiwi und Rimi Waren zu einem erträglichen Preisniveau anbieten. Supermärkte wie Ica und Meny haben zwar eine weitaus bessere Auswahl, sind aber auch 20–30 % teurer. **Bier** darf werktags nur bis 20 Uhr und samstags bis 18 Uhr verkauft werden. **Wein und Spirituosen** gibt es nur im staatlichen **Vinmonopol**, einem Spezialladen mit sehr begrenzten Öffnungszeiten (meist bis 17 Uhr).

🔒**1** [M10] **Vinmonopolet**, Jernbanetorget 1 (am Hauptbahnhof), Tel. 22179600, geöffnet: Mo.–Fr. 10–18 Uhr, Sa. 9–15 Uhr

🔒**2** [L10] **Vinmonopolet**, Kongens gate 23 (Kaufhaus Stehen & Strøm), Tel. 22415992, geöffnet: Mo.–Fr. 10–18 Uhr, Sa. 9–15 Uhr

Einkaufszentren

⓭ [I/J11] **Aker Brygge**, am Hafen, Tel. 22832680, www.akerbrygge.no, geöffnet: Mo.–Fr. 10–20 Uhr, Sa. 10–18 Uhr. 70 Geschäfte und 40 Restaurants verteilen sich auf diverse Häuser der ehemaligen Aker-Werft, nicht nur für Kauflustige einen Besuch wert. Viele Modeläden, Buchhandlungen, Kioske, Uhrmacher, Optiker, Bäckerei, Bio-Produkte (Life). Meist gehobenes Preisniveau.

🔒**3** [L10] **Eger Karl Johan**, Karl Johans gate 23 B, www.egerkarljohan.no, geöffnet: Mo.–Fr. 10–19 Uhr, Sa. 10–18 Uhr. Führendes Luxus-Modekaufhaus des Landes mit 125 internationalen Marken.

🔒**4** [M10] **Glassmagasinet**, Stortorvet 9 (neben der Domkirche), www.glassmagasinet.no, geöffnet: Mo.–Fr. 10–19 Uhr, Sa. 10–18 Uhr. Alteingesessenes Kauf-

---

Shoppingareale
Die wichtigsten Shoppingbereiche der Stadt sind im Kartenmaterial mit einer rötlichen Fläche markiert.

Auf ins Vergnügen
Oslo für Kauflustige

haus mit Stil. Hier findet man Mode, Glas, Keramik, Design, Schreibwaren, Baby- und Schwangerenmode, handgefertigtes Konfekt und ein Café.

🔒5 [M10] **Oslo City & Byporten,** am Hauptbahnhof, www.oslocity.no, www.byporten.no, geöffnet: Mo.–Fr. 10–21 Uhr, Sa. 10–20 Uhr. In den zwei großen Einkaufszentren im bzw. neben dem Hauptbahnhof sind alle Läden für den schnellen Einkauf auf einem Fleck versammelt, z. B. H&M, Schreibwaren, Bücher, The Body Shop, Kioske, Lebensmittel (Kiwi & Meny), Drogeriewaren (Vita) und ein Vinmonopol.

🔒6 [K10] **Paleet,** Karl Johans gate 37, Tel. 22412630, www.paleet.no, geöffnet: Mo.–Fr. 10–20 Uhr, Sa. 10–18 Uhr. Damen- und Herrenmode, Optiker, großer Tanum-Buchladen, bezahlbare Restaurants, Sportladen im Kellergeschoss.

▲ *Besonders an Samstagen gut besucht: die Karl Johans gate* ❶

EXTRATIPP
Typisk norsk

Als typisch norwegisch dürfen die zahllosen, in allen Varianten auftretenden **Trolle** und die kuschligen **Norwegerpullover** gelten. Auch die Wichtel, *nisse* genannt, haben ihren Weg aus den Wäldern des Landes in die Läden gefunden.

Kulinarisch sollte der **Gudbrandsdalsost G35** probiert werden. Dieser braune Ziegenkäse ist karamellisiert und schmeckt süßlich, etwas nach Kondensmilch. Er sollte unbedingt zusammen mit Butter *(smør)* auf weniger intensivem Brot probiert werden, z. B. dem handtuchschmalen *flatbrød*, der norgischen Variante des Knäckebrotes.

Einen sehr intensiven Geschmack (und Geruch!) hat auch der **Gamalost,** ein fettarmer Käse mit extrem würzigem Geschmack.

Auf ins Vergnügen
Oslo für Kauflustige

Typisch Norwegisch

7 [M10] **Den Norske Husfliden,** Stortorvet 9 (im Glassmagasinet), Tel. 22421075, www.dennorskehusfliden. no, Mo.–Fr. 10–19 Uhr, Sa. 10–18 Uhr. Der Standardladen für Norwegerpullis, Trachten und geschmackvolle Souvenirs.

8 [L9] **Heimen Husflid,** Rosenkrantz' gate 8, Tel. 23214200, Mo.–Fr. 10–18, Sa. 10–15 Uhr. Gute Auswahl an norwegischen Produkten wie Pullover, Decken und Schals.

9 [K10] **Holm,** H. Heyerdahlsgt. 1 (nahe Rathaus), www.thv-holm.no, Tel. 22411574, Mo.–Fr. 9–17 Uhr, Sa. 10–16 Uhr. Neben Norwegerpullis überzeugt die reichliche Auswahl an Trollen, Zinnbechern und Hüten.

Design, Bekleidung

10 [K9] **Dale of Norway,** Karl Johans gate 45, Mo.–Fr. 10–18 Uhr, Sa. 10–16 Uhr. Laden der urnorwegischen Modemarke Dale of Norway. Norwegerpullis und Outdoorbekleidung.

11 [M10] **Den kule Mage,** Stortorvet, im Glassmagasinet (siehe oben). Im Shop „Der coole Bauch" findet sich Schwangerschaftsmode mit Stil.

12 [M10] **Helly Hansen,** Karl Johans gate 3, Tel. 23202626, Mo.–Fr. 10–19 Uhr, Sa. 10–17 Uhr. Sehr hochwertige Outdoormarke.

13 [J10] **House of Oslo,** Ruseløkkveien 26 (hinter der Aker Brygge), Tel. 23238560, www.houseofoslo.no, Mo.–Fr. 10–20 Uhr, Sa. 10–18 Uhr. 20 Designläden unter einem Dach, für Liebhaber des nordischen Stils ein absolutes Muss. Zudem gibt es noch ein Meny Supermarkt mit reichhaltiger Auswahl und ein Vinmonopol.

14 [N8] **Liten & Tøff,** Markveien 56 B, Tel. 95730989. Der Name „Klein & Tough" verrät es: Hier gibt es Kindermode ohne Schnickschnack.

15 [L10] **Moods of Norway,** Akersgata 18, Tel. 46627796, www.moodsofnorway. com, Mo.–Fr. 10–19 Uhr, Sa. 10–18 Uhr. Flippige Klamotten, die alles andere als gewöhnlich sind. Hier wird urbanes Design mit ländlichem Stil gemischt.

Auf ins Vergnügen
Oslo für Kauflustige

> **EXTRAINFO**
>
> **Entspannt shoppen**
> Besonders angenehm ist das Einkaufen auf der Aker Brygge ⓭. Hier laden viele Cafés und Bäckereien sowie der angrenzende Hafen zu entspannten Shoppingpausen ein.

🔴**16** [L10] **Norrøna,** Akersgata 30, Tel. 48207322, geöffnet: Mo.-Mi./Fr. 10-18 Uhr, Do. 10-19 Uhr, Sa. 10-17 Uhr. Größter Shop der hochwertigen norwegischen Outdoormarke Norrøna.

🔴**17** [K10] **Norway Designs,** Stortingsgata 28, www.norwaydesigns.no, Tel. 23114510, geöffnet: Mo.-Fr. 9-18 Uhr, Do. 9-19 Uhr, Sa. 10-16 Uhr. Norwegisches Design ist nach wie vor ein Geheimtipp, jedoch schwer im Kommen. Nicht ohne Grund räumen derzeit norwegische Gestalter bei wichtigen Messen allerhand Preise ab. Norway Designs zählt zu den Top-10-Shoppingadressen Europas. Zu erwerben sind u. a. Glas, Keramik, Bekleidung und Spielwaren.

01 oo Abb.: nb

🔴**18** [N7] **Probat,** Thorvald Meyers gate 54, www.probat.no, Mo.-Fr. 10-18 Uhr, Sa. 10-17 Uhr. Coole T-Shirts mit außergewöhnlichen Motiven für jedes Alter.

🔴**19** [N8] **Skaperverket,** Markveien 60, Mo.-Fr. 12-18 Uhr, Sa. 11-18 Uhr, So. 12-17 Uhr. Mode, Schmuck und Spielzeug verschiedener Designer der Stadt.

🔴**20** [M10] **Stormberg,** Storgata 7, Tel. 40001894, Mo.-Fr. 10-19 Uhr, Sa. 10-17 Uhr. Größter Laden der preiswerten, aber hochwertigen Outdoormarke.

Bücher

🔴**21** [L11] **Damms Antikvariat,** Christiania Torv, Tel. 22410402, www.damms.no, Mo.-Fr. 10-17 Uhr, Sa. 10-15 Uhr. Wertvolle Bücher, Atlanten und Karten.

🔴**22** [K9] **Norli,** Universitetsgata 20-24, Tel. 22004300, www.norli.no (Versand auch ins Ausland), Mo.-Fr. 9-19 Uhr, Sa. 10-17 Uhr. Größter Buchladen im Norden mit über 60.000 Titeln, auch Bücher auf Deutsch, Englisch, Schwedisch und Dänisch.

🔴**23** [K9] **Norlis Antikvariat,** Universitetsgata 18, Mo.-Fr. 10-17 Uhr, Sa. 10-15 Uhr. Gute Auswahl an meist hochwertigeren Büchern.

🔴**24** [M10] **Pretty Price Antikvariat,** Dronningens gate 23, Mo.-Fr. 10-17 Uhr, Sa. 10-15 Uhr. Gute Auswahl an preiswerten Büchern, u. a. auch Comics.

Kunsthandwerk

🔴**25** [L11] **Galleri Format,** Rådhusgaten 24, Tel. 22414540, www.format.no, Di.-Fr. 11-17 Uhr, Sa. 11-16 Uhr, So. 12-16 Uhr. Die führende Galerie für norwegisches Kunsthandwerk. Ausstellung und Verkauf.

◀ *Einst Werft, heute Einkaufs- und Erlebniszentrum: Aker Brygge* ⓭

Märkte

- **26** [N10] **Grønland**, Grønland (unter der großen Brücke), Tel. 95905951, www.groenland-bruktmarked.no, Sa. 9–17 Uhr. Größter Gebrauchtwarenmarkt Oslos mit allem vom Buch bis zum Sofa.
- **27** [H7] **Vestkanttorvet**, Professor Dahls gate, Tel. 22607981, März–Dez. Sa. 9–17 Uhr. Großer Flohmarkt mit reichhaltigem Angebot.

Lebensmittel, Spezialitäten

- **28** [J8] **Åpent Bakeri**, Parkveien 27, Mo.–Fr. 7–17 Uhr, Sa./So. 9–17 Uhr. Bäckerei mit norwegischem und französischem Brot, angeschlossenes Café.
- **29** [N6] **Birkelundens lille franske ostebutikk**, Thorvald Meyers gate 27, Tel. 22378065, Di.–Fr. 11–19 Uhr, Sa. 11–18 Uhr, So. 12–18 Uhr. Käse aus Frankreich, selbst gebackenes Brot, leckere Baguettes. Café.
- **30** [L10] **Deli de Luca**, Karl Johans gate 33, rund um die Uhr geöffnet. Kiosk mit Zeitungen, Getränken (u. a. Chai-Tee) und vor allem Snacks höheren Niveaus, aber zu einem erträglichen Preis: Pizza, Brezen, Muffins u. v. m.
- **31** [K10] **Fenaknoken**, Tordenskiolds gate 7, Tel. 22423457, www.fenaknoken.no, Mo.–Fr. 10–17 Uhr, Sa. 10–16 Uhr. Kulinarische Spezialitäten aus Norwegen, z. B. Schinken, Wurst und Ziegenkäse. Ein Muss für Feinschmecker!
- **32** [N7] **Godt Brød**, Thorvald Meyers gate 49, Mo.–Sa. 6–18 Uhr, So. 10–17 Uhr. Biobäckerei mit leckerem Brot, Sandwiches und Kaffee.
- **165** [M7] **Mathallen**, Maridalsveien 13–17. Neue Basarhalle mit vielen Spezialitäten. Öffnet am 1. Oktober 2012.
- **33** [M10] **Rema 1000**, Torggata 2–6, Mo.–Fr. 8–22, Sa. 8–20 Uhr. Preiswerter, zentraler Supermarkt. Hier findet man auch norwegische Garnelen.

Oslo für Genießer

Essen und Trinken

Die **norwegische Küche** gilt als ziemlich **rustikal**, wobei die Köche des Landes zu den besten der Welt zählen und einheimische Gerichte zunehmend aufpeppen. Dementsprechend lecker können dann Stockfisch (*bacalau*), Rippchen (*ribbe*), Schneehuhn (*rype*), Lachs (*laks*) oder Elch (*elg*) schmecken. Selbst aus dem *Lutefisk*, einem in Salzlauge aufgeweichten, sehr streng schmeckenden Stockfisch lässt sich bei entsprechender Zubereitung „noch was machen". Fleischklößchen (*kjøttboller*) in brauner Soße oder Fischkuchen (*fiskekaker*) zu veredeln, dürfte da schon weitaus schwieriger sein.

Das **Preisniveau** der Osloer Restaurants ist teils enorm hoch. Will man nicht gerade mit den beiden „Nationalgerichten" Hamburger und Pizza vorlieb nehmen, müssen schnell 30 bis 40 € für ein Gericht einkalkuliert werden. Zur Mittagszeit (*lunsj*) gibt es aber oft ein günstiges **Tagesgericht** (*dagens rett*) und preiswerte Sandwiches oder Salate.

Getränke, vor allem die alkoholischen, sind nicht gerade günstig. Es kann aber überall kostenlos Wasser (*vann*) bestellt werden. Auf das **Trinkgeld** darf, aber muss nicht, verzichtet werden.

Restaurantkategorien

(Preis für ein Hauptgericht ohne Getränke)

€	bis 160 nkr (bis 20 €)
€€	160–240 nkr (20–30 €)
€€€	240–400 nkr (30–50 €)
€€€€	über 400 nkr (über 50 €)

Auf ins Vergnügen
Oslo für Genießer

Da am Sonntag die meisten Osloer wandern oder in der Umgebung Ski fahren, haben an diesem Tag viele Restaurants geschlossen.

Kulinarischer Tagesablauf

Der Tag beginnt mit dem *frokost* (Frühstück) mit Brot und Brötchen und viel Kaffee. Zwischen 11 und 12 Uhr folgt das *lunsj,* ein kaltes Mittagessen, das aus belegten Broten (*smørbrød*) besteht.

Das warme *middag* wird hingegen am Nachmittag zwischen 14 und 18 Uhr eingenommen. Kaffee und Kuchen (*kake*) passt eigentlich immer, wobei beides gerne nochmal anlässlich eines abendlichen Imbisses gegen 21/22 Uhr zu sich genommen wird. Ein klassisches Abendessen (*kveldsmat*) kann gegen 20 oder 21 Uhr erfolgen, war das *middag* jedoch recht spät, entfällt meist das Abendmahl.

Empfehlenswerte Restaurants

Norwegische und gehobene Küche

34 [L11] **Det Gamle Raadhus** €€-€€€, Nedre slottsgate 1, Tel. 22420107, www.gamleraadhus.no, geöffnet: Mo.–Fr. 11.30–15 u. 16–22 Uhr, Sa. 13–15 u. 16–22 Uhr. Traditionsrestaurant (1856 gegründet) im alten Rathaus von 1641. Moderne norwegische Küche, mittags (*lunsj*) ab 150 nkr.

35 [L11] **Engebret Café** €€-€€€€, Bankplassen 1, www.engebret-cafe.no, Tel. 22822525, geöffnet: Mo.–Fr. 11.30–23 Uhr, Sa. 17–23 Uhr. Das Mitte des 19. Jahrhunderts gegründete Engebret ist Oslos ältestes Restaurant. Schon von jeher ist das Lokal ein beliebter Treffpunkt für Schauspieler, Politiker und Künstler. Zwischen 11.30 und 14 Uhr gibt es leckeren Mittagslunsj zu vertretbaren Preisen (Steak, Stockfisch, Suppen und Salate ab 180 nkr).

36 [K10] **Eik Annen Etage** €€€€, Stortingsgaten 24/26, im Hotel Continental, Tel. 21547970, www.hotel-continental.no, geöffnet: Di.–Sa. 18–24 Uhr. Traditionsreiches Gourmetrestaurant mit exquisiten Speisen zu gehobenen Preisen.

37 [J11] **Lofoten Fiskerestaurant** €€€, Aker Brygge, Tel. 22830808, www.lofoten-fiskerestaurant.no, geöffnet: Mo.–Sa. 11–23 Uhr, So. 12–22 Uhr. Hervorragendes Fischrestaurant mit Hafenblick. *Lunsj* ab 225 nkr, abends ab 300 nkr.

38 [H6] **Lofotstua** €-€€, Kirkeveien 40, zw. Majorstuen und Vigelandspark, Tel. 22469396, geöffnet: Mo.–Fr. 15–22 Uhr. Gemütliches, maritim eingerichtetes Fischrestaurant mit regionaler Küche, u. a. Stockfisch und Wal.

▲ *Alles ist vorbereitet für einen stilvollen Abend am Wasser*

Auf ins Vergnügen
Oslo für Genießer

Smoker's Guide

Rauchen ist in Norwegen in allen öffentlichen Gebäuden, also auch in Cafés, Restaurants, Kneipen, Läden und Einkaufszentren, **strikt untersagt**. Dem Laster darf lediglich auf der Straße gefrönt werden. Vor vielen Lokalen wurden kleine Raucherinseln angelegt, gerne auch mit Heizpilz für kältere Tage.

39 [L10] **Stortorvets Gjæstgiveri** €-€€€, Grensen 1, www.stortorvets-gjestgiveri.no, Tel. 23356360, geöffnet: Mo.-Sa. 11-23 Uhr. Historisches, urgemütliches Restaurant und Café. Das Restaurant überzeugt mit sehr guten norwegischen Gerichten, im Café mit Kamin (vorderer Raum) werden Pasta und Salate für 140-180 nkr serviert. Berühmt ist das Lokal für sein *Julebord*, das in Norwegen traditionelle Vorweihnachtsessen mit Arbeitskollegen und Freunden. Gratis Jazzkonzerte im Café Sa. 13.30-16.30 Uhr. Idyllischer Innenhof.

40 [N6] **Sult** €€, Thorvald Meyers gate 26 (Grünerløkka), Tel. 67109970, www.sult.no, Mo.-Fr. 16.30-1 Uhr, Sa./So. 12-1 Uhr. Die trendige Kneipe „Hunger" bietet moderne norwegische Küche.

Aus aller Welt

41 [M9] **Arakataka** €-€€, Mariboes gt. 7, Tel. 23328300, www.arakataka.no, geöffnet: Mo.-Do. 16-22 Uhr, Fr./Sa. 16-23 Uhr, So. 16-21 Uhr. Modernes, bistroähnliches Feinschmeckerrestaurant mit wirklich zivilen Preisen.

42 [H7] **Bølgen & Moi** €€€, Løvenskiolds gate 26, www.bolgenogmoi.no, Tel. 24115353, geöffnet: Mo.-Sa. 11-24 Uhr, So. 11-22 Uhr. Trendiges Bistro in alter Trafostation mit sehr guten internationalen Gerichten. *Lunsj* ab 160 nkr, sehr gutes Frühstücksbuffet.

43 [O14] **Ekebergrestauranten** €€, auf dem Ekeberg, Tel. 23242300, www.ekebergrestauranten.com, geöffnet: Mo.-Sa. 11-24 Uhr, So. 11-22 Uhr. Ausflugsrestaurant im Stile des Funktionalismus. Toller Blick, schöne Terrasse. *Lunsj* ab 150 nkr.

44 [M9] **Kjøkken og Bar** €-€€, Møllergata 16, Tel. 22415006, www.kjokkenogbar.no, geöffnet: Mo.-Sa. ab 10 Uhr, So. ab 12 Uhr, WLAN-Hotspot. Café, Restaurant und Bar in modernem, schickem Ambiente. Günstige, gute Mittagsgerichte ab 130 nkr.

Vegetarisch und preiswert

45 [K10] **Brasserie 45** €, Stortingsgaten 20, Tel. 22413400, www.brasserie45.no, geöffnet: Mo.-Do. 15-23 Uhr, Fr.-So. 14-0/22 Uhr. Gute Gerichte aus aller Welt.

46 [K10] **Dolly Dimple's** €, Stortingsgata 12, Tel. 04440, www.dolly.no, geöffnet: Mo.-Fr. 11-23 Uhr, Sa./So. 12/13-23 Uhr, WLAN-Hotspot. Große Pizzakette mit guten Gerichten. Die Stor Pizza (reicht für 2-3 Pers.) kostet 210-250 nkr. Auch Take-away.

47 [K10] **Egon** €-€€, Karl Johans gate 37, Tel. 22417790, www.egon.no, geöffnet: 10-0 Uhr. Das Essen der Restaurantkette ist guter Standard. Bis 15 Uhr gibt es Frühstück und Lunch ab 120 nkr, Pizza *all you can eat* Di.-Sa. bis 18 Uhr, Mo. und So. ganztägig für 99 nkr, Kinder 59 nkr.

48 [H5] **Krishnas Cuisine** €, Sørkedalsveien 10, im Colosseum Senter (Majorstuen), Tel. 22692269, geöffnet: Mo.-Fr. 11-20 Uhr, Sa. 11-19 Uhr. Gutes vegetarisches Essen zu zivilen Preisen, leckeres Lassi für 25 nkr.

49 [L10] **Mona Lisa** €, Grensen 10 (2. Etage), www.monalisahuset.no, Tel. 22340230, geöffnet: 11-3 Uhr. Leckere italienische Pizzen und Pasta. Sehr gutes Mittgsangebot: Pizza, Pasta, Steak für 150 nkr (11-18 Uhr).

Auf ins Vergnügen
Oslo für Genießer

🍴**50** [H6] **Nambo** €, Majorstuveien 34, Tel. 22591382, geöffnet: Mo.–Sa. 15.30–23 Uhr, So. bis 22 Uhr. Hier wird schmackhaftes thailändisches Essen zu bezahlbaren Preisen serviert.

🍴**51** [M10] **Peppes Pizza** €, Karl Johans gate 1, Tel. 22225555, www.peppes.no, geöffnet: Mo.–Fr. 11–23.30 Uhr, Sa./So. 13–23.30 Uhr, WLAN-Hotspot. *Die norwegische Pizzakette schlechthin.* Vor allem amerikanische Pizzen sind im Angebot, Stor Pizza (reicht für 2–3 Pers.) für 210–250 nkr. Auch Take-away.

🍴**52** [O10] **Punjab Tandoori** €, Grønland 24, geöffnet: Mo.–Fr. 11–23 Uhr, Sa./So. 12.30–22 Uhr. Sehr günstiges, authentisches indisches Essen ab unschlagbaren 60 nkr. Gäste sind vor allem die Einwanderer des Viertels. Die Plastik-Einrichtung ist hingegen wenig stilsicher.

53 [I7] **Spisestedet** €, Hjelmsgate 3 (nahe Bogstadveien), Tel. 22690130, geöffnet: Mo.–Fr. 14–20 Uhr (im Febr. geschl.). Vegetarisch und bio, leckere Gerichte, unterschiedliche Portionsgrößen.

54 [L9] **Vega Cafe & Restaurant** €, Akersgata 74 (Eingang um die Ecke), Tel. 47921214, geöffnet: So.–Do. 12–20 Uhr, Fr. 11–16 Uhr. Leckeres vegetarisches Essen (teils vegan), mittags oft *all you can eat* für 100 nkr.

Cafés

55 [L10] **Byråkrat** €-€€, Grensen 10, Tel. 22340230, www.monalisahuset.no, geöffnet: 6–3.30 Uhr. Im Restauranthaus Mona Lisa gelegenes Café, in dem es nahezu immer etwas Essbares gibt. Tägl. Jazzfrühstück.

56 [M11] **Café Pascal**, Tollbugata 11, www.pascal.no, Tel. 22421119, geöffnet: Mo.–Fr. 8–17 Uhr, Sa. 10–17 Uhr, So. geschlossen. Direkt gegenüber der ehemaligen Hauptpost befindet sich das gemütliche Café Pascal. Das Lokal existiert seit über 115 Jahren. Neben dem alten Holzinventar und dem Glasdach sind auch die schönen Fresken beachtenswert, gemalt im Jahre 1895. Neben Frühstück (155 nkr), ausgezeichneten Pralinen und leckeren Kuchen werden auch einfache Mittagsgerichte angeboten (130–170 nkr).

57 [L10] **Coco Chalet**, Øvre Slottsgate 8, Tel. 22333266, geöffnet: Mo.–Sa. 11–19 Uhr. Jugendstilcafé mit Wendeltreppe in die 2. Etage. Gute Kuchen und französisches/vietnamesisches Essen.

58 [O6] **Cocoa**, Toftesgate 48 (Grünerløkka), Tel. 22717100, www.cocoa.no, 10–19 Uhr. Bekannt für leckeren Kakao, aber auch Tee, Kaffee und Kuchen.

59 [L10] **Grand Café**, Karl Johans gate 31, im Grand Hotel, geöffnet: tägl. 6.30–23 Uhr. Eines der Traditionslokale der Stadt. Exklusive Frühstücks- und Abendbuffets, aber auch leckerer Kaffee und Kuchen. Schon Ibsen und andere Künstler der Boheme waren hier zu Gast, wovon einige Bilder zeugen.

60 [J8] **Kafé Caffé**, Parkveien 21, Tel. 22592100, geöffnet: Mo.–Fr. 7.30–19 Uhr, Sa./So. 8.30–18 Uhr. Gemütliches,

---

EXTRATIPP

Preiswert speisen

Preiswerte Gerichte um die 120 nkr (ca. 15 €) bieten auch die Kneipen der Stadt an (s. S. 21). Zudem gibt es in der Østbane-Halle neben dem Hauptbahnhof ein chinesisches und ein indisches Restaurant mit einfachen, aber recht schmackhaften Gerichten für 60 bis 80 nkr (ca. 7–10 €).

Lokale nah am Wasser

Entlang der Aker Brygge ⓭ finden sich zahllose gute Restaurants und Kneipen direkt am oder auf dem Wasser.

Auf ins Vergnügen
Oslo für Genießer

quirliges Café mit gutem Frühstücksbuffet (80 nkr) und leckerer Pasta (95 nkr).

61 [L10] **Stockfleths**, Karl Johans gate 25 (Eingang um die Ecke in der Straße Lille Grensen), Tel. 22429956, geöffnet: Mo.–Fr. 7–19 Uhr, Sa. 10–18 u. So. 12–18 Uhr. 1895 gegründete Kaffeehandlung, nun auch mit nettem Café. Hier wird erstklassiger Kaffee serviert.

62 [N6] **Tea Lounge**, Thorvald Meyers gate 33 C (Grünerløkka), Tel. 22370705, geöffnet: ab 11 Uhr, So. ab 12 Uhr. Teespezialitäten aus aller Welt, kleine Mahlzeiten, Croissants, Brownies.

63 [K10] **Theatercafeen**, Stortingsgaten 24/26, im Hotel Continental (s. S. 122), ca. 7–23 Uhr. Stilvolles Café im Wiener Stil. Ein Stück norwegischer Kulturgeschichte und seit 100 Jahren ununterbrochen populär, nicht nur bei Künstlern.

64 [K10] **The Fragrance of the Heart**, Fridtjof Nansens plass 2, am Rathaus, Tel. 22332310, www.fragrance.no, geöffnet: meist Mo.–Fr. 7.30–19.30, Sa. 9–21 Uhr, So. 11–18 Uhr (im Winter eine Std. später geöffnet). Französisches Café mit leckeren Kuchen, Croissants und Muffins. Große Tee- und Kaffeeauswahl.

EXTRATIPP

Frostiger Genuss

65 [K9] **Ice Bar**, Kristian IVs gate 12, geöffnet: meist Mo.–Sa. 15–24 Uhr, So. und in der Nebensaison geschlossen. Der Sommer zu heiß, der Winter zu warm? Macht nichts, in der Ice Bar herrscht immer Winter. Bei Kauf eines Getränks (100 nkr) kann jeder dick ummantelt Einlass in das „Kühlhaus" bekommen und zwischen Eisskulpturen die Minusgrade genießen. Den Drink gibt es ebenfalls aus einem Eisbecher.

Dinner for one
Hier isst man auch allein ganz nett: Brasserie 45 (s. S. 18), Litteraturhuset (s. S. 21), Café Pascal (s. S. 19).

Für den späten Hunger
Die Imbiss- und Kioskkette Deli de Luca (s. S. 16) an der Karl Johans gate hat rund um die Uhr geöffnet und bietet leckere Snacks. Auch im Byråkrat (s. S. 19) gibt es bis 3.30 Uhr Essen – und ab 6 Uhr schon wieder.

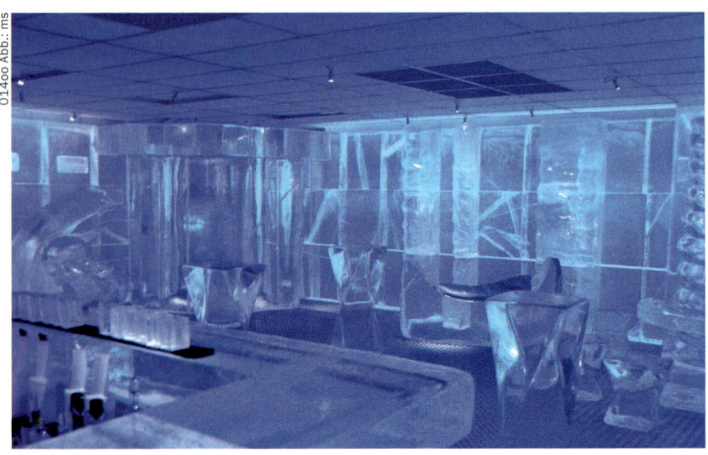

Oslo am Abend

Oslo steht auch am Abend nicht still. Die Stadt ist voll von Restaurants, Kneipen und Bars jedweder Art. Die Preise sind hoch, der Norweger jedoch erfinderisch.

Und so trifft man sich vor dem Ausgehen erstmal daheim zum „**Vorspiel**". Das aus dem Deutschen entlehnte Wort bezeichnet allerdings nur das gemeinsame Zechen in fröhlicher Runde, was den Sinn hat, dass man später vom teuren Bier im Pub nicht mehr viel benötigt. Schließt nun die Kneipe – dies ist meist zwischen 1 und 3 Uhr der Fall –, geht es heimwärts zum Restetrinken, dem „**Nachspiel**".

Turbulente Zentren des Osloer Nachtlebens sind die Karl Johans gate ❶ und die Rosenkrantz' gate [K10]. In beiden Straßen sind insbesondere norwegische Nightlife-Touristen anzutreffen. Teurer, aber auch entspannter geht es auf der Aker Brygge ⓭, authentischer im Viertel Grünerløkka ㊲ zu. Auf gute Kleidung muss nur in Hotels geachtet werden. Es herrscht eine **Altersuntergrenze** von 18 Jahren, einige Lokale (vor allem Klubs) gewähren auch erst ab 20 bzw. 23 Jahre Zutritt.

Kneipen und Bars

66 [L10] **Bare Jazz**, Grensen 8, www.barejazz.no, geöffnet: Mo./Di. 10–18 Uhr, Mi.–Sa. 10–24 Uhr. Einerseits ein Shop mit riesiger Musikauswahl, andererseits eine stilvolle Kneipe, z. T. mit Livemusik.

67 [M10] **Cafe Sør**, Torggt. 11, geöffnet: bis ca. 1 Uhr. Gemütliche, relaxte Kneipe mit einem bunten Mix aus Gemälden des Eigentümers, Sofas und Kerzenschein. Club Music.

68 [L10] **Ett Glass**, Karl Johans gate 33, www.ettglass.no, 11–2 Uhr. Die Lokalität, Kneipe, Bar und Café in einem, besticht durch ihr modernes Design. 0,4 l Bier für 58 nkr oder 1,4 l *Mugge* für 141 nkr. Einfache Gerichte ab 145 nkr.

69 [J8] **Litteraturhuset – Café Oslo**, Wergelandsveien 29, Tel. 22955530, www.litteraturhuset.no, Mo.–Di. 10–0.30 Uhr, Mi.–Sa. 10–3.30 Uhr, So. 12–20 Uhr, im Juli immer erst ab 12 Uhr. Lesecafé mit Büchern und Zeitschriften, Kneipe und Bar zugleich, im Literaturhaus der Stadt gelegen, dementsprechend kunstinteressiertes Publikum. Gutes Essen: mittags ab 110 nkr, abends ab 160 nkr.

70 [J8] **Lorry**, Parkveien 12, www.lorry.no, 11–1.30 Uhr. Vielleicht die älteste Traditionskneipe schlechthin mit einer wüsten Sammlung an Kuriositäten, der größten Bierauswahl und abends mit vielen Osloer Originalen. Typisch norwegische Gerichte ab 120 nkr.

71 [O10] **Oslo Mekaniske Verksted**, Joachim Nielsens gang (Grønland), www.oslomekaniskeverksted.no, 15–2 Uhr. Kneipe in einer alten Werkzeughalle und laut Eigenwerbung ein Ort für „alle, die sich benehmen können". Einzigartiges Interieur: Kamin, beleuchtete Globen, barocke Spiegel und ein Haufen Bücher. Außerdem lockt der schöne Biergarten.

72 [K8] **Tullins**, Tullinsgt. 2, www.tullins.no, bis ca. 1 Uhr. Gemütliche Kneipe mit viel Holz, Gemälden und kuschliger Atmosphäre. Pizza, Pasta, Wok und Burger für 70–120 nkr.

◀ *Oslos Ice Bar – auch im Sommer ein eiskaltes Erlebnis*

Gastro- und Nightlife-Areale
Bläulich hervorgehobene Bereiche in den Karten kennzeichnen Gebiete mit einem dichten Angebot an Restaurants, Bars, Klubs, Discos etc.

Oslo am Abend

> **KURZ & KNAPP**
>
> **Brunt sted**
>
> Als *brunt sted* („brauner Ort") werden traditionelle Kneipen bezeichnet, die noch das „altehrwürdige", dunkle Kneipeninventar besitzen. Drumherum versammelt sich ein Sammelsurium an Gegenständen, die der Besitzer anscheinend für aufhebenswert hielt. Ein typischer „brauner Ort" ist der Pub Lorry (s. S. 21).

Livemusik und Diskotheken

🔴**73** [N8] **Blå**, Brenneriveien 9 C, Tel. 98256386, www.blaaoslo.no. Der wohl beste Musikklub der Stadt, meist Jazzkonzerte.

🔴**74** [O7] **Café Mir**, Toftesgt. 69, www.lufthavna.no/cafe-mir, geöffnet: 18–1 Uhr. Alternativer Musikklub und Kneipe in Grünerløkka.

🔴**75** [L9] **Herr Nilsen** (nilsen08), C. J. Hambros plass, www.herrnilsen.no, Tel. 81533133, geöffnet: 14–3 Uhr, WLAN-Hotspot. Angesagter Jazzklub mit reichhaltigem Programm.

🔴**76** [N7] **Parkteatret**, Olav Ryes plass 11, Tel. 22356300, www.parkteatret.no. Livebühne und Bar (11–1/2 Uhr) in altem Theater. Meist Jazz und Weltmusik. Weitere Kneipen nebenan.

🔴**77** [M9] **Rockefeller**, Mariboes gate, Tel. 81533133, www.rockefeller.no. Größter Musikklub der Stadt mit drei Bühnen. Fast täglich Konzerte.

🔴**78** [K10] **Smuget**, Rosenkrantz' gate 22, www.smuget.no, Fr./Sa. 20–3 Uhr. Kneipe, Disco und Konzerthaus in einem. Hier geht es in jeder Hinsicht hoch her.

🔴**79** [N10] **Spektrum**, Sonja Henies pl. 2, Tel. 22052900, www.oslospektrum.no. Riesige Halle neben dem Bahnhof. Im Spektrum tritt auf, was Rang und Namen hat.

Theater, Oper, Konzert

Tickets sind in der Touristeninformation (s. S. 111) oder an der Kasse des jeweiligen Hauses erhältlich.

🔴**80** [L9] **Det Norske Teatret**, Kristian IVs gate 8, www.detnorsketeatret.no, Tel. 22424344. Bedeutende Bühne, auf viele Mundartstücke aufgeführt werden, außerdem Komödien.

🔴**4** [K9] **Nationaltheater**, Johanne Dybwads plass 1, www.nationaltheatret.no, Tel. 81500811. Wichtigste Bühne der Stadt, hier stehen vor allem Werke von Henrik Ibsen und Bjørnstjerne Bjørnson auf dem Programm.

🔴**81** [P11] **Nordic Black Teatre**, Hollendergate 8, Tel. 22419500, www.msinnvik.no. Multikulturelles und Kinder-Theater.

🔴**19** [N11] **Oper**, Kirsten Flagstads pl. 1, Tel. 21422121, www.operaen.no. Künstlerisch wie architektonisch hochwertig, besonders beachtenswert ist die moderne Bühnentechnik. Inszenierungen von Weltrang, eine frühe Buchung ist angeraten.

🔴**82** [J10] **Oslo Konserthus**, Munkedamsveien 14, www.oslokonserthus.no, Tel. 23113111. Konzerthaus für meist klassische Konzerte und Jazz.

Kinos

Alle Filme werden im Original mit Untertiteln gezeigt. Nahe dem Nationaltheater liegt das Kino Saga.

🎬**83** [H6] **Colosseum**, Fr. Nansens vei 6 (Majorstua). Großer THX-Kuppelsaal.

🎬**84** [K10] **Saga**, Stortingsgate 28, www.oslokino.no. In einem der ältesten und gleichzeitig modernsten Kinos der Stadt werden norwegische und internationale Produktionen gezeigt.

🎬**85** [G9] **Gimle**, Bygdøy Allé 39, www.oslokino.no. Schmuckes Traditionskino mit Atmosphäre, im Programm stehen zumeist einheimische Produktionen.

Auf ins Vergnügen

Oslo für Kunst- und Museumsfreunde

Oslo für Kunst- und Museumsfreunde

Oslo bietet Museen für jeden Geschmack. Nicht immer sind diese nach modernsten didaktischen Vorgaben gestaltet, deswegen jedoch nicht minder interessant.

Museen

86 [L11] **Architekturmuseum (Nationalmuseet – Arkitektur),** Bankplassen 3, Straßenbahn 12, 13, 19 bis Kongens gate, www.nasjonalmuseet.no, Tel. 21982182, Eintritt frei, geöffnet: Di., Mi., Fr. 11–17, Do. 11–19, Sa./So. 12–17 Uhr. Das interessante Architekturmuseum ist eine Symbiose aus Alt und Neu, entworfen von zwei der wichtigsten norwegischen Architekten des Landes: Christian Heinrich Grosch (1801–1869) und Sverre Fehn (1924–2009). Ursprünglich beheimatete der Grosch'sche Bau eine Bank. 2008 zog das Architekturmuseum ein. Fehn schuf dabei einen modernen Anbau, um mehr Exponate der Sammlung präsentieren zu können. Die Ausstellung widmet sich vor allem, aber nicht ausschließlich, der norwegischen Architektur in den Zwischenkriegsjahren. Gezeigt werden Teile der Sammlung, die 300.000 Zeichnungen, 25.000 Fotografien und rund 100 Modelle umfasst.

14 [L11] **Astrup-Fearnley-Museum.** Privates Museum für moderne Kunst mit Werken weltbekannter Künstler.

31 [H4] **Internationales Kinderkunstmuseum.** Das außergewöhnliche Museum zeigt Bilder von Kindern aus aller Welt.

▲ *Die neue Oper* **19**, *eine „Eisscholle" mitten in Oslo, steht im Zentrum des hauptstädtischen Kulturlebens*

Auf ins Vergnügen
Oslo für Kunst- und Museumsfreunde

Museen, die mit einer magentafarbenen Nummer (46) als Hauptsehenswürdigkeit ausgewiesen sind, werden im Kapitel „Oslo entdecken" ausführlich beschrieben. Dort finden sich auch alle praktischen Informationen wie Adresse, Öffnungszeiten usw.

- 46 [E1] **Emanuel Vigeland Museum.** Ein beeindruckendes Mausoleum des Künstlers Emanuel Vigeland mit einzigartigen Malereien.
- 87 [M11] **Filmmuseum,** Dronningens gate 16, Straßenbahn 11, 13, 19 bis Dronningens gate, Tel. 22474500, www.nfi.no, Eintritt frei, geöffnet: Di., Mi., Fr. 12–17, Do. 12–19, Sa. 12–16.30 Uhr. Dieses Museum widmet sich der Historie der bewegten Bilder im Allgemeinen und der des norwegischen Films im Besonderen. Ein Rundgang führt den Besucher von den ersten Kinematografen über die Stummfilmzeit bis hin zur norwegischen Filmzensur Anfang des 20. Jahrhunderts. Untergebracht ist die Ausstellung im Haus der Cinematek, wo künstlerisch wertvolle Streifen abseits des Massengeschmacks gezeigt werden.
- 88 [L12] **Verteidigungsmuseum (Forsvarsmuseet),** Tel. 23093582, www.fmu.mil.no, Eintritt frei, geöffnet: 1.5.–31.8. 10–17 Uhr, Sa./So. ab 11 Uhr, sonst Mo.–Fr. 11–16 Uhr, Sa./So. 11–17 Uhr. Das auf dem Gelände der Festung Akershus liegende Museum veranschaulicht anhand von Bildern, Tonaufnahmen und anderen Zeitdokumenten den norwegischen Widerstand gegen die deutschen Besatzer in der Zeit von 1940 bis 1945.
- 23 [F13] **Fram-Museum.** Zu sehen ist das berühmte Polarschiff „Fram", mit dem die Entdecker Nansen und Amundsen reisten.
- 12 [J10] **Friedensnobelpreiszentrum.** Anschauliches Museum zum Friedensnobelpreis und zu dessen Trägern.
- 45 [P8] **Geologisches Museum.** Spannendes Museum zur Geologie des Landes, inkl. Mineralienausstellung.

Auf ins Vergnügen
Oslo für Kunst- und Museumsfreunde

🔟 **Henie Onstad Kunstsenter.** Das von Sonja Henie und ihrem Mann gestiftete Kunstmuseum beherbergt herausragende Malerei.

❽ [K9] **Historisches Museum.** Zwar nicht das modernste Museum, aber es bietet dem aufmerksamen Besucher viele interessante Kulturschätze.

🏛89 [K11] **Hjemmefrontmuseum,** Tel. 23093138, www.nhm.mil.no, Eintritt: 50 nkr, erm. 25 nkr, geöffnet: 1.5.–31.8. 10–16 Uhr, Sa./So. ab 11 Uhr, ansonsten Mo.–Sa. 10–17 Uhr, So. ab 11 Uhr. Das Museum auf dem Gelände der Festung Akershus dokumentiert die norwegische Militärgeschichte von 1814 bis 1905.

⑪ [J9] **Ibsen-Museum.** Interessantes, neu gestaltetes Museum in Ibsens ehemaliger Wohnung.

㊴ [N9] **Jüdisches Museum.** Dokumentationszentrum zur jüdischen Geschichte Oslos.

㉒ [F13] **Kon-Tiki-Museum.** Hier wandelt man auf den Spuren des Abenteurers Thor Heyerdahl. Ausgestellt sind die berühmte Kon-Tiki und die Ra II.

㉝ [L8] **Kunsthandwerksmuseum.** Museum zur über 1000-jährigen Kunsthandwerksgeschichte des Landes. Zu bewundern ist u. a. ein wertvoller Gobelin.

㊹ [Q9] **Munch-Museum.** Hier sind alle wichtigen Werke des norwegischen Malers zu bestaunen.

⑱ [L11] **Museum für Gegenwartskunst.** Moderne Kunst in altem Bankgebäude.

❼ [K9] **Nationalgalerie.** Sowohl Bilder der bekanntesten norwegischen Maler als auch bedeutende internationale Künstler sind hier vertreten.

㊷ **Norsk Teknisk Museum.** Lebendiges Museum zu den Themen Technik, Öl und Wasserkraft.

⑳ [D12] **Norwegisches Freilichtmuseum.** Das älteste Freilichtmuseum der Welt mit einer sehenswerten Stabkirche, vielen Holzgebäuden aus dem ganzen Land und einigen historischen Stadthäusern.

㉔ [F13] **Norwegisches Seefahrtsmuseum.** Die Ausstellungen präsentieren Norwegen als große Seefahrtsnation.

🏛90 [G6] **Schlittschuhmuseum (Skøytemuseet),** Middelthuns gate 26, im Frogner Stadion, T-bane bis Majorstuen, http:// skoytemuseet.no/no, Eintritt: 20 nkr, geöffnet: Di./Do. 10–14 Uhr, So. 10–14 Uhr. Im nordöstlichen Bereich des Frognerparks liegt das 1901 eigens für Eisschnell- und Eiskunstlauf angelegte Frogner-Stadion. Es war u. a. die Hausbahn für Sonja Henie (1912– 1969), dem norwegischen Eiskunstlaufstar der 1920er- und 1930er-Jahre. Sie errang nicht weniger als zehn Weltmeistertitel und gewann drei Mal olympisches Gold. Ihr, aber auch Größen wie dem norwegischen Eisschnellläufer Johann Olav Koss, der 1994 bei Olympia

▶ *Tierkopfpfosten für religiöse Wikinger im Wikingerschiffsmuseum* ㉑

◀ *Ein Haus voller erstaunlicher Exponate: das Historische Museum* ❽

Auf ins Vergnügen
Oslo für Kunst- und Museumsfreunde

in Lillehammer drei Mal Gold gewann, ist das Schlittschuhmuseum gewidmet. Zudem dokumentiert die Ausstellung die Geschichte des Eislaufens.

- **47 Skimuseum.** Kleines, aber sehenswertes Museum neben der Sprungschanze Holmenkollen zur Geschichte des Skilaufs. Zu sehen sind historische wie auch ultramoderne Skier.
- **29 [G7] Stadtmuseum.** Das Museum zur Stadtgeschichte ist in einem alten Fachwerkhof untergebracht. Zu sehen sind auch viele Gemälde der Stadt.
- **91 [H5] Straßenbahnmuseum (Sporveismuseet Vognhall 5),** Gardeveien 15, T-bane bis Majorstuen (dann der Valkyriegata stadtauswärts folgen und nach rund 100 m in den Gardeveien einbiegen), www.sporveismuseet.no, Tel. 22609409, Eintritt: 30 nkr, erm. 15 nkr, geöffnet: Mo./So. 12–15 Uhr, Apr.–Okt. auch Sa. 12–15 Uhr. In der Wagenhalle 5 kommen Straßenbahnliebhaber auf ihre Kosten. Eröffnet wurde die erste Linie der Stadt im Jahr 1875, damals noch von Pferden gezogen. Mit dem Aufbau eines elektrischen Netzes begann man 1894, womit Oslo die erste strombetriebene Straßenbahn Skandinaviens erhielt. Nachdem in den 1960er- und 1970er-Jahren viele Strecken stillgelegt wurden, um dem zunehmenden Autoverkehr Raum zu verschaffen, kommt es derzeit wieder zu einem verstärkten Ausbau des Schienennetzes. Die Osloer Straßenbahn wird seit Ende des 19. Jahrhunderts liebevoll *trikk* genannt, als Abkürzung von *Elekktrikken* („Die Elektrische"). Zu sehen sind im Museum Pferdebahnen von 1875, Straßenbahnen aus der Zeit von 1898 bis 1957 sowie alte und neuere Busse, u. a. ein Londoner Doppelstockbus.
- **10 [J10] Stenersenmuseet,** Gezeigt wird norwegische Kunst der Zeit von 1850 bis 1970.
- **30 [F7] Vigeland-Museum.** Das Museum über den wohl berühmtesten Bildhauer des Landes beherbergt zahllose seiner Werke.
- **21 [D12] Wikingerschiffsmuseum.** Ausgestellt sind drei originale Wikingerschiffe aus dem Mittelalter und diverse Grabbeigaben. Ein Muss für jeden Oslo-Besucher!
- **45 [P8] Zoologisches Museum.** Für zoologisch Interessierte ist das Museum eine kleine Fundgrube.

Kunstgalerien

- **G 93** [I8] **Albin Upp,** Briskebyveien 42, zwischen Schloss und Vigelandspark, Tel. 22557192, www.albinupp.no, geöffnet: Di.–Fr. 11–17 Uhr, Sa./So. 12–16 Uhr. Galerie mit Gegenwartskunst. Stimmungsvolle Umgebung, gemütliches Café.
- **G 94** [M9] **Fotogalleriet,** Møllergata 34, Tel. 22202120, www.fotogalleriet.no, geöffnet: Di.–Fr. 12–17 Uhr, Sa./So. 12–16 Uhr. Galerie für nationale und internationale Fotokunst.
- **G 95** [L11] **Fotografiens Hus,** Rådhusgaten 20, Tel. 22332115, www.fotografiens-hus.no, geöffnet: Di.–Fr. 10–16 Uhr, Sa./So. 12–16 Uhr. Wechselnde Fotoausstellungen im Haus des norwegischen Fotografenverbandes.

Auf ins Vergnügen
Oslo zum Träumen und Entspannen

96 [K10] **Kunstnerforbundet,** Kjeld Stubs gate 3, nahe dem Rathaus, Tel. 23310240, www.kunstnerforbundet.no, geöffnet: Di., Mi., Fr. 11–17 Uhr, Do. 11–18 Uhr, Sa. 11–16 Uhr, So. 12–16 Uhr. Älteste private Galerie des Landes mit großer Verkaufsausstellung.

97 [J8] **Kunstnernes Hus,** Wergelandsveien 17, neben dem Schloss, Tel. 22853410, www.kunstnerneshus.no, geöffnet: Di./Mi. 11–16 Uhr, Do./Fr. 11–18 Uhr, Sa./So. 12–18 Uhr, 50 nkr. Die bekannteste Galerie der Stadt veranstaltet oft hochwertige Ausstellungen. Künstlercafé.

Kunst unter freiem Himmel

An erster Stelle steht hier auf alle Fälle der rund um die Uhr geöffnete **Vigelandspark** 28. Zu sehen sind hier zahllose Einzelskulpturen entlang der Wege, ein monumentaler Bronzebrunnen und der auf einer Anhöhe thronende berühmte Monolith.

Doch auch sonst kann Oslo mit einer beachtlichen Fülle an Skulpturen, Denkmälern und Statuen aufwarten. Nahezu vor jedem öffentlichen Gebäude, u. a. vor dem Rathaus 9 und auf der Aker Brygge 13, sind sehenswerte Skulpturen zu finden.

▶ *Sommerliche Leichtigkeit im Frognerpark* 28

◀ *Historischer Holzkopf, gesehen im Wikingerschiffsmuseum* 21

Oslo zum Träumen und Entspannen

Oslo ist im Vergleich zu anderen Metropolen keine besonders hektische Stadt. Ein Plätzchen, um die Seele baumeln zu lassen, findet sich nahezu überall.

Wird es einem im Zentrum zu turbulent, lohnt der rasche Gang hinab zum **Hafen.** Hier laden viele Bänke am Wasser zum Verweilen ein. Wem dies noch immer zu viel Trubel ist, sollte sich auf die nebenan gelegene **Festung Akershus** 15 begeben. Dort kann man bei schöner Aussicht über die Hauptstadt in aller Ruhe entspannen.

Der Fjord, auf den man von der Festung aus blickt, bietet sich ebenfalls zur Stadtflucht an. Unterhalb der Fes-

Auf ins Vergnügen
Oslo zum Träumen und Entspannen

tung legen stündlich Boote zu den stadtnahen **Inseln im Fjord** ab. Auf diesen finden sich schöne Badestrände, Wiesen zum Träumen, Wanderwege und idyllische Holzhäuser.

Empfehlenswert ist auch ein Abstecher mit den T-bane-Linien 1 und 3 in die Einsamkeit des Waldes. Am See **Sognsvann** 51 beispielsweise kann man im Sommer baden und inmitten herrlicher skandinavischer Natur auf diversen Wegen durch die Normarka wandern. Ebenfalls lohnt sich ein **Spaziergang entlang dem Fluss Akerselva** [N10], der im Viertel Grønland 41 beginnt. Der Weg führt durch eine parkähnliche Anlage an alten, nun neu genutzten Industriegebäuden vorbei.

> **EXTRATIPP**
>
> **Für Morgenmuffel**
> Der beste Ort für einen morgendlichen Kaffee ist eine der **Kaffebrenneriet-Filialen**. Dependancen der Café-Kette gibt es an zahllosen Orten in Oslo, u. a. Karl Johans gate 7 und 24, Parkveien 25 oder am Friedensnobelpreiszentrum 12. Mo.–Fr. werden die Filialen um 7 Uhr geöffnet, Sa./So. um 9 Uhr. Natürlich gibt es hier auch Coffee to go, mit dem man sich anschließend in einen der vielen Parks zurückziehen kann.

▲ *In Oslos Umgebung finden sich einige hüsche Orte, hier die Holzhaussiedlung Drøbak, 40 km südlich der Hauptstadt*

Am Puls der Stadt

Das Antlitz der Hauptstadt

Die Lage Oslos zwischen dem Grün der endlosen Wälder und dem Blau des Fjords fasziniert jeden Besucher vom ersten Augenblick an.

Oslo ist die größte Stadt des Landes und hat **613.000 Einwohner** (Stand 2012). Zählt man nahtlos angrenzende Vororte wie Bærum, Asker und Lillestrøm hinzu, kommt man auf ca. 900.000 Bewohner, was bedeutet, dass 18 % aller Norweger am Nordende des idyllischen Oslofjords ihr Zuhause haben. Die Stadt selbst erstreckt sich über eine Fläche von 454 km², wobei nur knapp die Hälfte davon besiedelt ist. Damit ergibt sich auf der bebauten Fläche eine Bevölkerungsdichte von rund 2770 Einwohnern pro km². Das ist viel und steht in klarem Gegensatz zum restlichen Stadtgebiet, das aus 242 km² unbewohnten Wäldern, 8 km² Park- und Sportanlagen, 40 Inseln und 343 Seen besteht und Oslo gleichzeitig zu **einer der grünsten Städte Europas** macht.

Allerdings, so schön die Lage zwischen den Bergen und dem Wasser auch ist, sie führt auch zu Problemen. In der Rushhour sind trotz einer Citymaut viele Straßen verstopft und Abgase und der Rauch vieler Kamine, die in den zahllosen Einfamilienhäusern für Behaglichkeit sorgen, belasten im Winter die Luft. Glücklicherweise helfen die häufigen Westwinde meist sehr rasch, die Situation zu verbessern.

Oslo kennzeichnet eine **bunte Mischung aus verschiedenen Baustilen**, meist des 19. und 20. Jahrhunderts: schöne Gründerzeithäuser, kantige Betonblöcke, schicke, moderne Architektur und ein um das Zentrum herumliegender Ring aus Abertausenden von Holzhäusern, die Oslo teils das Aussehen eines zu groß geratenen Dorfs verleihen.

Administrativ gliedert sich die Stadt in **17 Stadtteile** und gedanklich in **zwei Regionen**: die Østkant und die Vestkant. Hat sich die **Østkant**, also der Ostteil, aus Arbeitervierteln entlang dem Fluss Akerselva heraus entwickelt und weist noch heute eine recht einfache Bebauung auf, so siedelten in der **Vestkant**, dem Westteil, hauptsächlich die Wohlhabenden, was sich in stuckverzierten Häusern und großzügigen Villen niederschlug.

Reist man mit der Fähre an, so versteht man, dass hier quasi eine Stadt entstehen musste. „Die weite Welt" ist über den Fjord erreichbar, aber das Wetter milder als an der Küste, die Ebene zwischen Wasser und Bergen fruchtbar und das Ufer dergestalt, dass es überall kleine natürliche Häfen gibt. Ja, Oslo hat zweifellos eine ebenso **einmalige Lage** wie seine skandinavischen Nachbarn Stockholm und Kopenhagen.

Auffällig sind jedoch die vielen, endlosen Einfamilienhausviertel an den Stadträndern und die eher bescheidenen Ausmaße der innerstädtischen Bauten – was zumindest so lange gilt, bis das ambitionierte Projekt Fjordbyen (s. S. 35) komplett umgesetzt ist. Die Stadt gibt sich bislang eher bescheiden und will entdeckt, erkundet und erforscht werden. Wer sich auf Oslo einlässt, wird eine ungemein **vielseitige und vielschichtige Metropole** entdecken, die alles ist, nur nicht langweilig.

◀ *Die Flagge auf dem Schloss* ❻ *ist gehisst, der König ist zugegen*

Von den Anfängen bis zur Gegenwart

Oslo wurde um das Jahr 1000 n. Chr. als Handelsstadt von den Wikingern gegründet und 1299 zur Hauptstadt des norwegischen Reiches gekürt. Nach einem verheerenden Brand im Jahre 1624 ließ Christian IV. die Stadt unterhalb der Festung Akershus neu anlegen und verlieh ihr den Namen „**Christiania**", den sie bis 1925 trug. Vom 14. bis zu Beginn des 19. Jahrhunderts war Oslo ein eher unscheinbarer Ort mit weitaus geringerer Bedeutung als das westnorwegische Bergen.

Mit dem Unionswechsel von Dänemark nach Schweden im Jahre 1814 erstritt sich Norwegen mehr Rechte und Oslo wurde der Hauptstadtstatus zugesprochen. Der Ort blühte moderat auf, hatte jedoch mit den typischen Problemen einer zu schnell wachsenden Metropole zu kämpfen und stand weiterhin im Schatten seiner skandinavischen Nachbarmetropolen. Erst mit dem wirtschaftlichen Aufschwung Norwegens ab den 1970er-Jahren kam die Wende und Oslo entwickelte sich zu dem, was es heute ist: eine der dynamischsten Städte Europas.

um 3000 v. Chr. Erste Besiedlungsspuren. Felszeichnungen auf dem Ekeberg ❹❸ zeugen von dieser Zeit.
1048 Laut dem isländischen Geschichtsschreiber und Gelehrten Snorri Sturluson wird Oslo durch den Wikingerkönig Harald Hårdråde (Harald der Harte) gegründet. Ausgrabungen in Gamlebyen ❹❷ legen jedoch den Schluss nahe, dass die Stadt noch gut 50 Jahre älter ist.
1299 König Håkon V. Magnusson macht Oslo zur Hauptstadt Norwegens und lässt die Festung Akershus errichten. Die Stadt entwickelt sich zu einer wichtigen Kaufmanns- und Residenzstadt mit Dom und vielen kleineren Kirchen. Die Einwohnerzahl verdoppelt sich auf 3500.
1308 Plünderung und Brandschatzung der Stadt durch den schwedischen Herzog Erik von Södermanland. Nur 11 Jahre später fällt ein Drittel der norwegischen Bevölkerung der Pest zum Opfer.
1397 Kalmarer Union: Die Königreiche Norwegen, Dänemark und Schweden werden unter der Herrschaft der dänischen Königin Margarethe I. zu einem Reich vereinigt. 1523 scheidet Schweden aus dem Bündnis aus, die dänisch-norwegische Personalunion bleibt jedoch beste-

▲ *Denkmal Christians IV. auf dem Stortorvet* ❷

Am Puls der Stadt
Von den Anfängen bis zur Gegenwart

hen. Oslo verliert seinen Haupstadtstatus und damit stark an Bedeutung.

um 1537 In der Zeit der Reformation werden alle kirchlichen Besitzungen von der dänischen Krone eingezogen. Viele Kirchen und Klöster verfallen und werden geplündert. Oslos Niedergang setzt sich fort.

1567 Die Schweden belagern die Stadt. Ihr Stolz verbietet es Oslos Bürgern, den Ort kampflos zu übergeben. Da jedoch die militärischen Mittel fehlen, setzt man die Siedlung selbst in Brand und baut sie danach wieder auf.

1580–1610 In Verbindung mit der schon im 12. Jahrhundert gegründeten Kathedralschule entwickelt sich Oslo zum kulturellen Zentrum des Landes. Der gelehrte Kreis der Oslo-Humanisten verfasst literarische Schriften.

August 1624 Ein Brand zerstört Oslo nahezu vollständig. Der dänische König Christian IV. lässt die Stadt an einem neuen Ort unterhalb der Festung Akershus, von wo aus sie besser zu verteidigen ist, im rechtwinkligen Renaissancestil neu anlegen und in „Christiania" umbenennen. Aus Brandschutzgründen sind Holzhäuser innerhalb des neuen Stadtwalls fortan verboten. Das alte, östlich davon gelegene Oslo (Gamlebyen **42**) wird nun von Armen und Landlosen besiedelt.

1686 Der Stadtwall wird eingerissen und die neue Domkirche **2** am Stadtrand errichtet.

18. Jahrhundert Ökonomisches Wachstum durch Schifffahrt und Holzexport. Im Jahr 1801 zählt man 16.815 Einwohner.

1811 Norwegen erhält als letztes skandinavisches Land seine erste Universität. Gegründet wird diese in Christiania/Oslo.

1814 Als Resultat der Napoleonischen Kriege löst sich die Dänisch-Norwegische Union auf. Norwegen fällt an Schweden. Das Land strebt jedoch nach Unabhängigkeit und verabschiedet am 17. Mai eine eigene Verfassung. Norwegen kann sich nicht aus der Union mit Schweden lösen, erhält aber mehr innenpolitische Selbstständigkeit. Christiania wird Hauptstadt der Provinz Norwegen.

1840–1899 Die Stadt expandiert. Die Karl Johans gate wird als Prachtstraße angelegt, viele repräsentative öffentliche Gebäude entstehen (Schloss, Parlament, Universität, Nationaltheater). Entlang dem Fluss Akerselva siedeln sich mehr und mehr Industriebetriebe an. Östlich des Gewässers entstehen Arbeitersiedlungen, in Richtung Westen Villenvororte für die Wohlhabenden. Die Bevölkerungszahl steigt, auch durch Eingemeindungen, von 31.715 (1855) auf 151.239 (1890) an, was schnell zu beengten Wohnverhältnissen und sozialer Armut führt. Infolgedessen kommt es zu einer sehr regen Bautätigkeit. 1854 wird der erste Bahnhof eröffnet.

1877 Die Schreibweise des Stadtnamens wird in „Kristiania" geändert.

1893 Am Holmenkollen finden erste Skiwettbewerbe statt.

1899 Zusammenbruch des Aktien- und Eigentumsmarktes, Wiederaufnahme der Bauaktivitäten durch kommunale Investitionen ab 1911. Gartenstädte werden errichtet.

1901 Erstmals wird der Friedensnobelpreis verliehen.

1905 Norwegen wird unabhängig. Inthronisiert wird der dänische Prinz Carl von Glücksburg unter dem Namen Haakon VII.

1925 Am 1. Januar erhält die Stadt ihren alten Namen Oslo wieder.

1930er-Jahre Beginn der Umgestaltung des Hafenviertels. Der Krieg stoppt die Bauarbeiten, sodass das neue Wahrzei-

▶ *Sommerliches Treiben auf dem Youngstorget* **40**

chen, das monumentale Rathaus, erst 1950 zum 900-jährigen Jubiläum der Stadt eingeweiht werden kann.

1940–1945 Norwegen wird von deutschen Truppen besetzt. Der König flieht mit seiner Familie nach England. Oslo bleibt vom Krieg weitgehend verschont.

1950er-/1960er-Jahre Sozialer Wohnungsbau in neu entstandenen Trabantenstädten (zumeist im Osten Oslos). Die erste, Lambertseter, wird 1951 eröffnet.

1952 Oslo ist Austragungsort der VI. Olympischen Winterspiele.

1972 Norwegens Bevölkerung spricht sich gegen eine EG-(EU-)Mitgliedschaft ihres Landes aus.

1986 Auf dem Gelände einer ehemaligen Werft wird das erste Einkaufszentrum der Stadt eröffnet: Aker Brygge. Viele andere Industriebetriebe schließen ebenfalls oder siedeln um. Oslo entwickelt sich zunehmend von einer Industrie- zu einer Dienstleistungs- und Verwaltungsstadt.

1990 Eröffnung des 1,8 km langen Festungstunnels, der die Innenstadt vom Autoverkehr entlastet und den Weg frei macht für eine Umgestaltung des Rathausvorplatzes.

1993 Jitzchak Rabin und Jassir Arafat unterzeichnen das Oslo-Abkommen, das von norwegischen Politikern vermittelt wurde und den Weg für einen israelisch-palästinensischen Frieden ebnen soll.

2000 Der Stadtrat beschließt, den Hafen weitestgehend aus dem Zentrum auszulagern und die frei werdenden Areale städtebaulich neu zu nutzen. Das Projekt „Fjordbyen" („Stadt am Fjord") wird aus der Taufe gehoben (s. S. 35).

2008 Eröffnung des neuen Opernhauses.

2010 Einweihung des neuen Auto-Senktunnels unter der Oper, der die Innenstadt weiter entlastet.

2011 Am 22. Juli erschüttern Terroranschläge die Stadt. Eine Bombe im Regierungsviertel tötet 8 Menschen. Zwei Stunden später eröffnet der Täter auf der Insel Utøya das Feuer auf Mitglieder einer Jugendorganisation. Insgesamt sterben 77 Menschen.

Leben in der Stadt

Oslo ist für viele auswärtige Norweger ein erstrebenswertes und unbeliebtes Ziel zugleich. Einerseits herrscht hier das beste Wetter, man erreicht Wanderwege oder Loipen mit der S-Bahn direkt vom Zentrum aus, es gibt ein breit gefächertes Angebot an Arbeitsplätzen und die größte Universität. Andererseits empfinden viele Norweger ihre Hauptstadt als zu dominant und halten es mit dem Autor Georg Johannesen: „Oslo ist ein Imperium mit einer Kolonie namens Norwegen."

Doch selbst der Osloer hadert gerne mit seiner Stadt. Zu laut ist es hier, zu eng und zu teuer. Zudem sind viele Bewohner selbst erst vor wenigen Jahrzehnten aus einer anderen Regi-

Leben in der Stadt

on zugezogen und haben daher keine tiefer gehende Bindung zum Ort.

Hinzu kommt, dass die Stadt selbst zwischen dem 14. Jahrhundert und dem Beginn des 19. Jahrhunderts wegen absoluter Bedeutungslosigkeit **kaum eine eigene Identität entwickeln konnte.** Und als sich ab 1814, dem Jahr der Abspaltung von Dänemark, endlich etwas tat, kam es im Zuge der Industrieansiedlung entlang dem Fluss Akerselva zu einer deutlichen **sozialen Teilung der Stadt** in einen armen Osten *(Østkant)* und einen wohlhabenden Westen *(Vestkant).* Noch heute wird der Ost-Osloer Stadtteil Grønland ❹ hauptsächlich von Einwanderern bewohnt, das „Vestkant-Viertel" Frogner ❷ hingegen von feinen Damen und modebewussten Familien, die das sauberste und akzentfreieste Norwegisch des Landes sprechen.

Doch Oslo ist **im Wandel begriffen.** Die Identifikation der Einwohner mit dem Ort wächst stetig, was bei den Kundgebungen gegen den Terroranschlag am 22.7.2011 deutlich zum Ausdruck kam, und die sozialen Grenzen verschwimmen zunehmend. Zum einen liegt dies daran, dass die Stadtverwaltung darauf achtet, keine weitere Segregation, also keine Absonderung unterschiedlicher Bevölkerungsschichten zuzulassen. Infolgedessen finden sich mittlerweile selbst hinter den größten Betonkästen der in den 1950er- und 1960er-Jahren entstandenen Satellitenstädte idyllische Einfamilienhausviertel. Außerdem schickt man sich im Zuge des Projektes Fjordbyen (s. S. 35) an, den heruntergekommenen Vierteln im Osten der Stadt neues Leben einzuhauchen. Vestkant-Bewohner, für die die Østkant bislang allenfalls ein Hort des Grauens war, verbringen nun plötzlich ihre Abende „im Osten" und denken über den Kauf einer Wohnung in diesen Gebieten nach.

Dieser Trend und der nach wie vor sehr starke **Zuzug aus dem In- und Ausland** (Bevölkerungswachstum: ca. 2 % pro Jahr) lassen jedoch die **Immobilienpreise** in schwindelerregende Höhen steigen. Vor allem für junge Menschen ist dies aufgrund der Tatsache, dass kaum Wohnungen vermietet werden, ein Problem. Dass Oslo trotzdem eine sehr **soziale Stadt** ist, zeigt sich an den vielen Angeboten und Vergünstigungen für Familien und daran, dass für weit über 90 % aller Kinder Kindertagesstättenplätze zur Verfügung stehen. Beruf und Familie bilden hier keinen unauflöslichen Widerspruch. Bei einer **Arbeitslosenrate** von 3 bis 4 % und einem der weltweit höchsten **Pro-Kopf-Einkommen** halten sich die materiellen Probleme für den Großteil der Osloer in Grenzen.

Dass es trotzdem **soziale Brennpunkte** gibt, zeigt sich u. a. an der Situation der Drogenabhängigen vor dem Hauptbahnhof und den Auseinandersetzungen unter gewaltbereiten Jugendbanden in den Vororten. Norwegen zeichnet jedoch aus, dass diese Probleme nicht geleugnet werden und nach gesamtgesellschaftlichen, sozialen Lösungen gesucht wird.

Oslo ist eine erstaunlich **multikulturelle Stadt.** 25 % der Einwohner stammen aus anderen Ländern, vor allem aus Schweden, Polen, Deutschland und Pakistan. Da wie oben erwähnt zudem nur wenige Norweger seit Ge-

▶ *Schlanke, architektonisch spannende Hochhäuser – hier der „Barcode" – sind Teil des Projektes Fjordbyen*

Am Puls der Stadt
Projekt Fjordbyen

nerationen in der Stadt wohnen, gibt es nicht den „typischen" Osloer. Im Norwegischen existiert noch nicht einmal ein spezieller Name, der Osloer wird schlicht *osloboer* („Oslobewohner") genannt.

Als Gast in Oslo ist man in Norwegen. Oder doch nicht? Warum wird in der (von Oslo aus gesehenen) „Provinz" immer wieder steif und fest behauptet, Oslo sei nicht Norwegen? Gewiss, hier ist es nicht so einsam wie im Rest des Landes, gigantische Berge und Hochebenen fehlen. Die Natur gibt sich etwas bescheidener, weniger dramatisch. Dennoch, **Oslo ist auch Norwegen.** Hier wurde im 19. Jahrhundert nach dem Unionswechsel norwegische Geschichte geschrieben, hier hat das Volk der Skiläufer mit dem Holmenkollen ❹ sein Mekka und hier liegen einige der wichtigsten kulturellen Sehenswürdigkeiten des Landes wie der Vigelandspark ㉘, das Wikingerschiffsmuseum ㉑ oder das Königliche Schloss ❻. Dies alles führt dazu, dass Oslo neben Bergen die am häufigsten besuchte Stadt Norwegens ist – zweifellos zu Recht.

Projekt Fjordbyen

Nachdem immer mehr Hafenanlagen ausgelagert worden bzw. am Wasser angesiedelte Industrien weggebrochen waren, bot sich nach und nach der Freiraum für eine konzeptionell neue Stadtentwicklung in Richtung des Fjordufers. Mit der Errichtung des Einkaufs- und Erlebniszentrums Aker Brygge ⓭ wurde schon in den 1980er-Jahren ein erster Anfang gemacht. Und da Baugrund in Oslo notorisch knapp ist, war es nur logisch, diese Entwicklung weiter fortzusetzen. Das Projekt „Fjordbyen"

Projekt Fjordbyen

(„Die Stadt am Fjord") war geboren und wurde am 19. Januar 2000 vom Stadtrat beschlossen.

Der Plan umfasst das Vorhaben, ein Areal von 22,6 ha an den Ufern des Oslofjords komplett umzugestalten und der Bevölkerung zugänglich zu machen. Neben **Uferpromenaden, Kulturinstitutionen, Parks und Einkaufszentren** sollen auch **9000 Wohnungen für 18.000 Menschen** sowie 42.000 neue Arbeitsplätze entstehen. In ferner Zukunft könnte zudem auch die Autobahn E 18 im gesamten Uferbereich in einem Tunnel verschwinden, bislang tut sie dies lediglich im Zentrumsabschnitt.

„Fjordbyen" untergliedert sich in **18 Teilgebiete**, die sich von der Halbinsel Bygdøy im Westen bis zur Insel Malmøya im Südosten erstrecken. Nach einer umfassenden Planungsphase konnte 2008 mit der neuen **Oper** ⓳ das erste Bauwerk des Projekts eröffnet werden – und ein besonders schickes noch dazu. Es folgen bis 2013 das Viertel **Tjuvholmen** und bis 2014 der **„Barcode"**, eine Reihe von architektonisch spannenden und nach ökologischen Richtlinien erbauten Hochhäusern hinter der Oper. Durch ihre zum Wasser hin schlanke Form soll den Bauten ihre Dominanz genommen werden. Die unterschiedliche Höhe und Gestalt sorgt zudem für eine optimale Lichtausbeute.

Weniger zurückhaltend war der geplante Neubau des **Munch-Museums**. Dieser sollte neben der Oper entstehen. Angedacht war ein monströses, nach vorne überkippendes Gebäude mit dem Namen „Lambda". Nach jahrelangem Hin und Her wurde das Projekt vom Stadtrad schließlich gestoppt, u. a. da der Bau auch in der Bevölkerung keine Zustimmung fand. Viele sahen die örtlich gleichmäßige Verteilung städtischer Attraktionen über alle Viertel gefährdet, die notwendig ist, um einer Abwertung einzelner Gebiete vorzubeugen.

Derzeit reibt sich vor allem die Künstlergemeinde Oslos daran, dass, obwohl „Lambda" gekippt wurde, geplant ist, altehrwürdigen Institutionen wie dem Nationalmuseum, dem Historischen Museum und der Deichmanske Bibliothek am Wasser ein neues Zuhause zu geben. Allgemeiner Tenor: „In anderen Ländern schafft man es, die Gebäude anspruchsvoll zu erweitern, wir bauen neu und lassen das Alte verfallen." Tatsächlich ist noch nicht geklärt, was mit den alten Gebäuden mittelfristig geschehen soll. Andererseits sind Neubauten durchaus sinnvoll, denn die bisherigen Gemäuer sind nicht nur feucht, gedrungen gebaut und viel zu klein, es fehlt auch der Platz für Erweiterungen, will man nicht gerade in die Tiefe gehen und das halbe Zentrum unterkellern. Denn zu zeigen gibt es enorm viel. So kann die Nationalgalerie derzeit nur 6 bis 7 % ihres Fundus präsentieren.

Oslo entdecken

Im Zentrum Oslos

Das Zentrum der Stadt ist recht kompakt. Hier liegen die meisten Sehenswürdigkeiten, die im Prinzip alle zu Fuß erkundet werden können.

Zentrale Achse der Innenstadt ist die Flaniermeile **Karl Johans gate** ❶. An ihr liegen einige der wichtigsten Attraktionen wie die Domkirche, das Parlamentsgebäude und das Königliche Schloss. Die meisten Häuser in diesem Bereich stammen aus dem 19. Jahrhundert.

Südlich der Karl Johans gate liegt der **Hafen**, der vom 1950 vollendeten Koloss des Rathauses ❾, dem schicken Einkaufszentrum Aker Brygge ⓭ und der altehrwürdigen Festung Akershus ⓯ gesäumt wird. **Moderne architektonische Akzente** setzen das Viertel Tjuvholmen und die neue Oper ⓳ am Bahnhof.

❶ Karl Johans gate ★★★ [L10]

Auf 1,5 km Länge durchzieht die Karl Johans gate, auch gerne nur der „Karl Johan" genannt, das Stadtzentrum. Sie ist wie keine andere Straße Oslos ein Spiegel der Gesellschaft: mal mondän und elegant, dann wieder schlicht und bescheiden. Hier trifft man hohe Regierungsbeamte genauso wie den Durchschnittsnorweger „Ola Nordmann", Straßenmusiker, Selbstdarsteller und Touristen. Edle Geschäfte bieten Waren des gehobenen Preisniveaus an, auch das Grand Hotel, die erste Adresse der Stadt, befindet sich hier. Gleichzeitig konnten sich an der Karl Johans gate auch die üblichen Fast-Food-Ketten und Souvenirläden für den schmaleren Geldbeutel etablieren.

Der „Karl Johan" führt vom Hauptbahnhof im Südosten bis zum Königlichen Schloss ❻ im Nordwesten. Wer mit dem Zug nach Oslo reist, landet am östlichen Beginn der Straße auf dem modern gestalteten **Jernbanetorget** („Eisenbahnplatz"), wo im Keller des zentralen, grünen Uhrenturmes die Touristeninformation (s. S. 111) und die Verkehrsbetriebe ihren Sitz haben. Neben dem Turm steht eine **bronzene Tigerstatue**, die Oslos Beinamen, „Tigerstaden" („Tigerstadt"), symbolisiert. Geprägt wurde der Begriff um 1870 von Norwegens Nationaldichter Bjørnstjerne Bjørnson. Und er war ganz und gar nicht postiv gemeint, denn Bjørnson fühlte sich von dem rasch wachsenden Ort, der sich kulturell wie auch administrativ erst finden musste, regelrecht bedroht. Heute jedoch steht der Tiger synonym für eine enorm dynamische Stadt, die gleichzeitig im europäischen Maßstab eher auf leisen Pfoten daher kommt.

Hinter Uhrenturm und Tiger erstreckt sich das Gebäude des 1980 eröffneten neuen **Hauptbahnhofs** (Sentralstasjonen). Dieser liegt neben der schmucken, 1854 erbauten Halle des zu klein gewordenen **Ostbahnhofs** (Østbanehallen). Hier kamen einst alle Züge aus Richtung Ost- und Nordnorwegen an. Um nach Westen weiterreisen zu können, musste man sich durch die gesamte Stadt zum Westbahnhof begeben. Der alte Ostbahnhof beheimatet derzeit noch

▶ *Der winterliche „Karl Johan"*

◀ *Vorseite: Blick über den Vigelandspark* ㉘

Oslo entdecken
Im Zentrum Oslos

ein kleines Einkaufszentrum mit einigen recht preiswerten Restaurants, er soll jedoch zu einem Hotel umgebaut werden. Geht man am Ostbahnhof rechts vorbei, so gelangt man zur Fußgängerbrücke in Richtung der neuen Oper ❿.

Direkt gegenüber dem Ostbahnhof führt die Karl Johans gate bergauf in Richtung der von den Basarhallen umgebenen **Domkirche** ❷ und weiter zum kleinen Platz Egertorget [L10]. Dieser Abschnitt war Teil der im 17. Jh. unter Christian IV. neu angelegten Stadt und wird von schönen, aber großteils einfach gehaltenen **Gründerzeithäusern** gesäumt. Eine Ausnahme bildet die **Nummer 12**. Das grau-blassrosa getünchte Gebäude ließ der Buchbinder Johan Christian Hoppe nach einem Brand im Jahre 1858 errichten. Der Stil des Hauses symbolisiert den Übergang vom provinziellen zum großstädtischen Oslo, gestaltet in einer Art Hansa-Gotik, Stilelemente der Hansestädte Lübeck und Hamburg imitierend. Passenderweise pulsiert in diesem Teil des „Karl Johan" auch das städtische Leben. Hier floriert der Handel, wenn auch zumeist nur mit preiswerten Andenken und Norwegerpullis made in China.

Folgt man „Karl Johan" weiter bergauf, so gelangt man zum auf der rechten Seite gelegenen Haus **Nummer 13**. Es wurde 1896 vom Osloer Architekten Ove Laurentius Ekman entworfen und beheimatet seit dieser Zeit die neoklassizistisch ausgeschmückte **Schwanenapotheke**. Bei den Materialien sparte man wahrlich nicht, fanden doch Mahagoni, Linde und Marmor Verwendung.

Der alte Teil des Boulevards endet am Platz **Egertorget** [L10], den im Sommer Selbstdarsteller aller Art bevölkern. Überragt wird die Freifläche vom ersten Hochhaus der Stadt, das 1930 errichtet wurde und „üppi-

Im Zentrum Oslos

ge" acht Etagen vorzuweisen hat, und der recht augenfälligen Freia-Uhr. Die hoch oben thronende Leuchtreklame besteht seit 1909 und bewirbt seit dieser Zeit Norwegens bekannteste Schokoladenmarke – tatsächlich wohlschmeckend, unbedingt probieren!

Die Straße führt nun bergab und **ändert schlagartig ihren Charakter.** Zu schulden ist dies der Umbruchzeit nach 1814. Nachdem Dänemark Norwegen an Schweden abgetreten hatte und Oslo Regionalhauptstadt wurde, mussten viele Verwaltungs- und Kulturgebäude neu errichtet werden. Dem Geschmack der Zeit entsprechend sollten diese entlang einem **Prachtboulevard** liegen, der in den 1830er-Jahren vom dänischen Architekten von Linstow angelegt wurde. Die entstandene Flaniermeile erhielt zunächst den Namen „Slotsgate" („Schlossstraße"), wurde jedoch 1852 nach dem Tod des schwedisch-norwegischen Königs Karl III. Johan in Karl Johans gate umbenannt.

Schaut man vom Egertorget über den „Karl Johan", so kann man den **städtebaulichen Symbolcharakter** des Boulevards erkennen. Er führt vom auf einer kleinen Anhöhe liegenden Parlamentsgebäude ❸ hinab in eine Senke zur „Mitte der Gesellschaft", symbolisiert durch das Nationaltheater ❹, die Universität ❺ und den Park Studenterlunden (dt. „Studentenhain"). Von dort aus geht es wieder hinauf zum auf einem Hügel thronenden Königlichen Schloss ❻, der Residenz der zweiten Macht im Staate.

Folgt man nun der Karl Johans gate weiter, so gelangt man zunächst zum kleinen Stortings plass. Dominiert wird dieser vom **Tostrupgården**, einem mondänen Haus, das 1896– 1898 für eine Juwelierfirma errichtet wurde. Das Erdgeschoss ist mit schwarzem Labradorit verkleidet, die oberen Etagen mit hellem Fauske-Marmor aus Nord-Norwegen. Das Haus wurde in Teilen von Torolf Prytz entworfen, der die Idee zu diesem Gebäude während eines Besuchs der Weltausstellung in Chicago hatte. Der Tostrupgården hat daher die Gestalt eines Chicagoer Hochhauses mit reduzierter Höhe.

Unweit entfernt liegt das **Grand Hotel.** Das 1874 im klassizistischen Stil errichtete Bauwerk wurde vom Konditor Julius Fritzner gegründet und 1911–1913 umgebaut. Seitdem verfügt das Haus über eine schlichte Fassade aus hellem Granit, einen schicken **Glockenturm** und 290 Zimmer. Diese beherbergen u. a. jedes Jahr den **Gewinner des Friedensnobelpreises.** 2009 grüßte Barack Obama vom Balkon herab (natürlich hinter Panzerglas) die Bürger Oslos. Doch auch viele berühmte Norweger waren im Grand Hotel zu Gast. So traf sich hier 1874 bis zu Beginn des 20. Jahrhunderts die Boheme der Stadt im Grand Café und schmiedete Pläne für eine Veränderung des veralteten Gesellschaftssystems. Das Lokal wurde unter anderem besucht von den norwegischen Berühmtheiten Henrik Ibsen, Knut Hamsun, Gustav Vigeland und Roald Amundsen. Auch die Maler Thaulow, Werenskiold, Munch und Krohg verkehrten hier. Ein im Café zu sehendes Bild von Per Krohg aus dem Jahr 1928 zeigt einige der Gäste.

Nicht alle, die hier einst ein- und ausgingen, waren zu diesem Zeitpunkt schon so bekannt wie heute oder gar wohlhabend. **Edvard Munch** z. B. musste aus Geldnot einige seiner Gemälde gegen Essen und Getränke tauschen. Einer, der hingegen nicht darben musste, war der Dichter und Dramatiker **Henrik Ibsen**. Zwei Mal am Tag besuchte er sein Stammcafé im Grand Hotel, wobei er immer an der Universitätsuhr innehielt, um die Zeit mit seiner Taschenuhr abzugleichen. Regelmäßig hielt er sich von 12.30 bis 14 Uhr und von 18 bis 19.30 Uhr im Lokal an „seinem" Tisch oder im angrenzenden Lesezimmer auf – die Osloer konnten daher wiederum nach ihm die Uhr stellen. Den Weg vom Grand Hotel zu seiner Wohnung weisen heute in das Pflaster eingelassene Zitate von und über ihn.

Linkerhand erstreckt sich neben der Karl Johans gate nun die **Parkanlage Studenterlunden**. An der Kreuzung mit der Rosenkrantz' gate findet sich ein 1912 vom Architekten Heinrich Jürgensen für die Firma Narvesen entworfener, beachtenswerter Kiosk, der im nordischen Neobarock mit runden Ecken, einem Fries, Kapitellen und Kuppeldach ausgeführt ist. In der Mitte des Parks liegt die Wasserfläche „Spikersuppa", auf der man im Winter eislaufen kann.

Den Abschluss des Boulevards bilden nun das Nationaltheater ❹ zur Linken, die alte Universität ❺ zur Rechten und geradeaus das Königliche Schloss ❻.

› T-bane: Jernbanetorget, Stortinget, Nationaltheatret

❷ Dom (Domkirke) und Stortorvet ★★ [M10]

Nachdem die Vorgängerbauten sowohl in Alt-Oslo als auch nahe der Festung Akershus abgebrannt waren, wurde 1697 bereits das dritte bischöfliche Kirchengebäude Oslos auf einem kleinen Hügel außerhalb der damaligen Stadtmauern eingeweiht.

Für das Gotteshaus verwendete man zum Teil die Steine der beiden Vorgängerbauten aus dem Mittelalter und dem 17. Jahrhundert wieder. Zumeist kam jedoch gelber Ziegelstein aus den Niederlanden zum Einsatz, der als Ballast auf norwegischen Holzhandelsschiffen ins Land kam und deutlich preiswerter war als der einheimische rote.

Die Kirche wurde als Kreuzkirche erbaut und ihrem schlichten Äußeren zum Trotz im Innern **recht prunkvoll ausgestattet**. Die Herstellung des Inventars wurde von einem unbekannten niederländischen Künstler begonnen, jedoch von norwegischen Holzschnitzern im Akanthusstil zu Ende gebracht.

Die 1718 installierte **Kirchenuhr** ist heute die älteste noch in Betrieb befindliche Uhr des Landes. Im Einklang mit dem Geschmack der Zeit gestaltete 1848–1850 der Hamburger Architekt Alexis de Chateauneuf den Innenraum im neogotischen Stil um. Zudem erhielt der **Turm** eine neue, reicher verzierte Spitze und wurde erhöht, wobei man dafür rote Ziegelsteine verwendete. (Der Übergang vom gelben zum roten Stein lässt sich auch heute noch gut nachvollziehen.) Anlässlich des 900-jährigen Stadtjubiläums im Jahr 1950 entfernte man das neogotische Interieur wieder und brachte die barocke Ausstattung zurück an ihren angestammten Platz.

Steht man vor der Kirche, so kann man auf der rechten Seite, am Fuß des Turmes, einen **Bilderstein** aus dem 12. Jh. entdecken. Dieser stammt noch vom mittelalterlichen Vorgängerbau, der St. Hallvardskathedrale, und zeigt einen Menschen, der von einem Löwen und einem Drachen angegriffen wird.

Im Zentrum Oslos

Man betritt das Gotteshaus durch die 1938 vom Künstler Dagfin Werenskiold angefertigten Bronzetüren. Die Reliefs zeigen Motive der Bergpredigt Jesu und die Seligsprechungen. Durch die nachfolgende Holztür, die das Wappen Oslos ziert, gelangt man in den Innenraum. Hier fallen zunächst die zwischen 1936 und 1950 entstandenen **Deckenmalereien** von Hugo Lous Mohr auf. In der Mitte strahlt eine mächtige Sonne, umgeben von der Inschrift „Gloria in excelsis Deo" – Ehre sei Gott in der Höhe. Die drei Deckengewölbe stellen das Schicksal Jesu dar: in Richtung Chor der erschaffende Christus, links (Nordgewölbe) der kämpfende und siegende und rechts der taufende Christus.

Neueren Datums sind auch die **Glasmalereien**, um 1910 von Emanuel Vigeland, dem Bruder des Bildhauers Gustav Vigeland, ausgeführt. Die dreietagige **Altartafel** ist hingegen barocken Ursprungs. Sie zeigt das Abendmahl, darüber Christus am Kreuz und den siegenden, von Engeln umgebenen Christus. Ebenfalls sehenswert sind die Bärenklauschlingen an der aus der gleichen Zeit stammenden Kanzel, der Orgelfassade und der Tauffront. In der Sakristei hängen Porträts aller Bischöfe der Stadt seit dem 16. Jahrhundert.

Orgelkonzerte finden im Sommer samstags um 12 Uhr statt.
› Stortorvet, Straßenbahn 10, 11, 18, 17, Tel. 23629010, www.oslodomkirke.no, Eintritt frei, geöffnet: Mo.–Do., Sa. 10–16 Uhr, Fr. 16–24 Uhr, So. 10–16 Uhr

Bis 1809 umgab die Kirche ein Friedhof. Dieser wurde zu einem Park umgestaltet, um den herum man zwischen 1840–1859 die **Basarhallen** errichtete. Diese sollten den fliegenden Händlern bessere Arbeitsbedingungen bieten und beherbergen heute in Richtung Karl Johans gate kleine Schmuck- und Gewürzläden sowie ein schönes Café.

Vor der Domkirche liegt der 1736 angelegte **Stortorvet**, der „Große Markt", auf dem täglich ein Blumenmarkt stattfindet. In seiner Mitte thront Christian IV., jener dänisch-norwegische König, der für die Neugründung Oslos unter dem Namen „Christiania" im Jahre 1624 verantwortlich zeichnete. Begrenzt wird der Platz u. a. von einem gelben, um 1700 erbauten Gebäude, das seit 1883 das Gasthaus Stortorvets Gjæstgiveri (s. S. 18) und das 1899 errichtete Christiania **Glassmagasinet** (s. S. 12) beherbergt, ein recht schickes Kaufhaus, das schon im 18. Jahrhundert als Lagerverkauf für die Glaswerke der Umgebung gegründet wurde.

> **KURZ & KNAPP**
>
> **Stadtwappen**
> Das rund 700 Jahre alte Wappen Oslos zeigt den **Stadtpatron St. Hallvard** auf einem Löwenkopf sitzend. Zu seinen Füßen liegt jene Frau, die er zu schützen versuchte. In der linken Hand hält er die Pfeile, die sie und ihn töteten, in der rechten den Mühlstein, der um seinen Kopf gehängt worden war, bevor man ihn in den Dammen-Fjord warf.

▶ *Stortinget, das norwegische Parlament*

Oslo entdecken 43
Im Zentrum Oslos

❸ Parlamentsgebäude ★★ [L10]

Nachdem Norwegen 1814 innenpolitische Unabhängigkeit erlangt hatte, musste ein Parlamentsgebäude errichtet werden. Viele Jahre lang konnte man sich nicht über einen passenden Standort einigen. 1855 endlich erwarb die Regierung ein Grundstück, das auch die Zustimmung des Parlaments fand.

Das Gebäude wurde vom schwedischen Architekten Emil Victor Langlet in einem romanisch beeinflussten Stil entworfen, der nordische wie auch italienische Elemente vereinte, und konnte 1866 eingeweiht werden. In der Mitte des H-förmigen Gebäudes befinden sich zwei von außen sichtbare Halbzylinder. Dort versammelt sich das Parlament und tagte bis 2009 das Unterhaus. Diese architektonische Lösung soll wie die darunter liegende Ankunftshalle **Offenheit und Volksnähe** symbolisieren.

Seit 1885 hängt im Parlamentssaal ein Bild von Oscar Arnold Wergeland, das die verfassungsgebende Versammlung am Ort Eidsvoll am 17. Mai 1814 zeigt. An diesem Tag musste Dänemark Norwegen an Schweden abtreten, was Norwegen ein weit größeres Maß an Autonomie bescherte. Noch heute ist der 17. Mai Nationalfeiertag.

Bewacht wird das Gebäude von zwei **Löwen** aus Granit. Diese wurden von Gulbrand Eriksen Mørstad gehauen, einem einst in der Festung Akershus ⓯ einsitzenden Strafgefangenen. Sein auf Mord lautendes Todesurteil wurde 1872 aufgrund „gro-

KLEINE PAUSE
Leckeres Gebäck

Im Schiøllgården am Wessels plass ist seit 1881 die Konditorei Halvorsen ansässig. Hier gibt es leckeres Backwerk, das ganz sicher für den weiteren Stadtrundgang genügend Energie gibt. Wer länger pausieren möchte, findet dazu im angeschlossenen Café Gelegenheit.

◯98 [L10] **Halvorsens Conditori**, Prinsens gate 26, Tel. 22420291, www.halvorsensconditori.no, geöffnet: Mo.–Fr. 7–17 Uhr, Sa. 9.30–16 Uhr

Im Zentrum Oslos

ßer Verdienste gegenüber der Nationalversammlung" aufgehoben.
> **Stortinget**, Karl Johans gate 22, T-bane: Stortinget, Tel. 23313596, www.stortinget.no, Eintritt frei, geöffnet: Anfang Januar bis Mitte Dezember, Führungen auf Norwegisch und Englisch Mitte Juni bis Ende Aug. Mo.–Fr. 10 Uhr, 11.30 u. 13 Uhr, sonst Sa. 10 Uhr, 11.10 Uhr und 13 Uhr

Umgeben wird das Gebäude von vier Stadtplätzen. Entlang der angrenzenden Karl Johans gate sind dies der Stortings plass und der Egertorget. Direkt gegenüber dem Parlament liegt hingegen der **Eidsvoll plass.** Dieser war lange Zeit Sumpfgebiet und wurde ab 1889 in eine Grünanlage umgestaltet. Der Platz mündet in den Park Studenterlunden.

Direkt neben dem Stortinget befindet sich der **Wessels plass.** Dieser – zum Teil verkehrsberuhigt und nur wenig besucht – bildet eine architektonische Einheit, was durchaus selten ist in Oslo. Zu sehen sind im Wesentlichen recht mondäne Gründerzeitgebäude, bspw. jenes der Freimaurerloge *(Frimurerlogen)*, des 1871–1872 im neogotisch-neoromanischen Stil erbaute Athenæum (Akersgata 18) und des Schiøllgården, 1881 errichtet (Prinsens gate 26). Auffällig ist auch das Gebäude des Skreddergården (Schneiderhof) hinter dem Parlament (Akersgata 20). Im exklusiven Geschäftshaus, mit französischer Fassadenmalerei und verschiedenen Granitarten verziert, können passend zum Rahmen heute edle Taschen und Accessoires von Louis Vuitton erworben werden. Nebenan befindet sich übrigens gleich die norwegische Variante: das Geschäft „Norwegian Moods", ein eigenwilliges Projekt westnorwegischer Modedesigner.

❹ Nationaltheater ★★ [K9]

Gegenüber dem Stortinget liegt das Nationaltheater, das größte Sprechtheater des Landes. Wie beim Parlamentsgebäude gab es auch hier jahrelange Diskussionen über die Lage des Hauses. Auseinandersetzungen dieser Art zeigen deutlich, dass sich Norwegen im 19. Jahrhundert nach jahrhundertelanger Abhängigkeit von Dänemark als Nation erst finden musste. Auch war die **Frage der norwegischen Sprache** noch nicht eindeutig geklärt (siehe Exkurs „Der Streit um das richtige Norwegisch"). Vor allem dieser Fakt war wohl ein Grund dafür, dass 1912 noch ein zweites großes Theater gegründet wurde: das Det Norske Teatret (s. S. 22), welches alle Stücke in dem Nynorsk (Neunorwegisch) verwandten Dialekten aufführt.

Eröffnet wurde das Nationaltheater 1899, 23 Jahre nach der Einweihung der Den Nationale Scene in der kulturell aktiven Westküstenmetropole Bergen. Entworfen wurde es vom damals erst 27 Jahre alten Henrik Bull, der in Berlin Architektur studiert hatte. Das aus gelben Ziegelsteinen und Granit bestehende Äußere vereint **klassizistische und Jugendstilelemente,** der prächtige Hauptsaal hingegen ist im Stil des Neorokoko ausgestaltet. Der Saal umfasste einst 1268 Plätze, wobei 1963 rund 500 Plätze für eine neue Nebenbühne, die Amfiscene, abgezweigt wurden.

An der Fassade des Hauses sind die Namen der drei wichtigsten Dramaturgen des Landes zu lesen: **Ibsen, Holberg und Bjørnson,** die aufgrund ihrer Bedeutung für das Land auch noch in Form von Statuen vor und hinter dem Gebäude verewigt wurden. Noch heu-

Der Streit um das richtige Norwegisch

Mit dem Unionswechsel anno 1814 und der innenpolitischen Selbstständigkeit des Landes stellte sich auch die Frage nach einer eigenen Sprache. Zwar hatten auf dem Lande die norwegischen Dialekte überlebt, in den größeren Orten und Städten war jedoch Dänisch Amtssprache. Ivar Aasen aus Volda in Westnorwegen wollte dies ändern. Mitte des 19. Jh. begann er, altnorwegische Wörter zu sammeln und zu einer neuen Schriftsprache zusammenzufügen. Diese sollte die Bauerndialekte unterstützen und konservieren helfen. Die neue Sprache nannte er **Landsmål**, Landes- oder ländliche Sprache.

Das Landsmål war jedoch in den Städten nicht wohl gelitten und so kam es unter Knud Knudsen zu einer „Gegenreformation". Knudsen begann, das Dänische zu norwegisieren und so eine moderne Landessprache zu schaffen. Diese nannte er **Riksmål**, Reichssprache.

Da eine Vereinigung beider Schriftsprachen scheiterte, wurden diese immerhin einander etwas weiter angepasst und im Zuge dessen in **Nynorsk**, Neunorwegisch, und **Bokmål**, Buchsprache, umbenannt. Bokmål ist heute die dominante Schriftform und wird von ca. 85 % der Bevölkerung verwendet. Beachtenswert ist, dass es sich hierbei nur um Schriftsprachen handelt, gesprochen wird Dialekt. Dieser kann jedoch dem Bokmål ähneln, so in Ostnorwegen, oder dem Nynorsk, was meist in Westnorwegen der Fall ist.

te werden viele Stücke dieser Herren im Nationaltheater aufgeführt.
› **Nationaltheatret,** Johanne Dybwads plass 1, T-bane: Nasjonaltheatret, www.nasjonaltheatret.no, Tel. 22001400, 81500811

Und da man nach Theateraufführungen oft hungrig ist, liegt passenderweise gleich nebenan im Hotel Continental (s. S. 122) das an ein Wiener Kaffeehaus erinnernde **Theatercaféen**. Es wurde 1900 eröffnet und ist seit dieser Zeit Treffpunkt der kulturellen Elite der Stadt.

❺ Universität ★ [K9]

In Norwegen bestand schon lange der Wunsch, eine eigene Universität zu gründen. Allerdings vertrat der dänische Staat die Ansicht, dass dies zu einer Schwächung der dänisch-norwegischen Union führen könnte. Erst unter Fredrik VI. wurde 1811 dem Drängen nachgegeben. Ursprünglich sollte die Bildungseinrichtung in Kongsberg gegründet werden, wo seit dem 17. Jahrhundert Silber gefördert wurde und schon eine höhere Lehranstalt für Bergleute existierte. Kurze Zeit später entschied man sich dann aber für Christiania (Oslo). Bei der Eröffnungsveranstaltung im Jahre 1813 waren dann ganze sieben Professoren und 17 Studenten anwesend.

Das **Hauptgebäude** an der Karl Johans gate wurde 1852 eingeweiht. Als Architekt engagierte man Christian Heinrich Grosch, der bei seinen Entwürfen Hilfe vom berühmten preußischen Architekten Karl Friedrich Schinkel erhielt. Besonders sehenswert ist die **Aula**, die Edvard Munch 1916 mit lebensfrohen Monumental-

Im Zentrum Oslos

gemälden ausschmückte. Das größte Gemälde zeigt den Sonnenaufgang über dem Fjord, inspiriert von der Aussicht, die Munch von seinem Häuschen in Kragerø hatte. An den Seitenwänden sind die großen Leinwände „Die Geschichte" und „Alma Mater" installiert. Leider ist der Raum derzeit nur in Verbindung mit Veranstaltungen geöffnet.

Der **Hauptcampus** der Universität befindet sich heute **im Stadtteil Blindern**. Architektonisch wird dieser vom kantigen Stil der 1960er-Jahre geprägt. Doch es gibt auch Ausnahmen, z. B. die neue Universitätsbibliothek (1999 eröffnet). Bei dem sehenswerten Bauwerk wurden Stilelemente des Bauhauses der 1920er-Jahre aufgegriffen.

› **Universitetet,** Karl Johans gate 47, T-bane: Nasjonaltheatret, www.uio.no
› Campus Blindern: Moltke Moes vei 33, Blindern, T-bane: Blindern, Tel. 22855050

❻ Königliches Schloss ★★★ [J9]

Nachdem Norwegen an Schweden übergegangen war, durfte auch in Christiania (Oslo) ein repräsentatives Schloss für eventuelle Besuche des norwegischen Königs, der in Personalunion auch König von Schweden war, nicht fehlen. Der Grundstein für die Unterkunft Karls III. Johan wurde 1825 gelegt, doch es sollte noch 24 Jahre dauern, bis der klassizistische Bau vollendet war.

Den Standort für den Zweitwohnsitz soll der König bei einem Ritt durch die Stadt selbst festgelegt haben, wovon das **Reiterstandbild Karls III. Johan** auf dem Schlossvorplatz zeugt. Zunächst waren 150.000 Speciedaler (bis 1874 gültige Währung) für den Bau vorgesehen, doch diese reichten lediglich für die Grundmauern, die 1827 standen. Erst sechs Jahre später bewilligte das Storting

Oslo entdecken
Im Zentrum Oslos

neue Gelder, die jedoch nicht gerade üppig ausfielen. Dementsprechend wurde der vom Architekten Ditlev Franciscus Linstow ursprünglich geplante H-förmige Grundriss zu einer U-Form verkleinert. 1836 war der Bau vollendet und Linstow reiste nach Dänemark und Deutschland, um sich für den Innenausbau inspirieren zu lassen. Nach dem Tod Karls III. Johan musste das Schloss den Bedürfnissen des neuen Königs Oscar I. angepasst, sprich vergrößert werden. Zusätzlich wurde die **Fassade** mit Säulen verschönert, denn diese war nach einhelliger Meinung zu schlicht ausgefallen.

Die 100 m lange und bis zu 24 m breite Anlage umfasst 173 Zimmer, von denen einige im Sommer Besuchern im Rahmen von Führungen offen stehen. Man betritt das Haus über das **Vestibül**. Die Lage dieses Raumes war ausschlaggebend für die weitere Bebauung Oslos, denn quasi als Verlängerung der Haupttreppe, welche die beiden Ebenen des Eingangsbereiches verbindet, und des in Richtung Zentrum zeigenden Schlossbalkons wurde die Karl Johans gate ❶ geplant und angelegt. So sollte die Königliche Residenz mit der Stadt verbunden werden.

Weitere sehenswerte Räumlichkeiten sind der **große Ballsaal**, die **Schlosskapelle** und das **Vogelzimmer** *(Fugleværelse)*. Die nationalromantische Tier- und Landschaftsmalerei im letzteren Raum sollen den Eindruck vermitteln, man stünde in einem Pavillon inmitten grandioser norwegischer Natur. Das Dekor umfasst neben der von den Stabkirchen inspirierten Drachenornamentik auch von Johannes Flintoe angefertigte Gemälde von Natursehenswürdigkeiten wie dem Berg Gaustatoppen, dem Wasserfall Vøringfoss und dem Gebirge Filefjell sowie diversen einheimischen Vogelarten, von denen 14 identifiziert werden konnten – bei einer herrscht bis heute Ratlosigkeit vor.

Ist das Schloss nicht zugänglich, kann immerhin noch der idyllische **Schlosspark** besichtigt werden. Bei einem Rundgang trifft man dabei auch die **königliche Garde**, deren sehenswerte **Wachablösung** täglich um 13.30 Uhr stattfindet. Sollte im Übrigen eines der royalen Familienmitglieder anwesend sein, so erkennt man das daran, dass die **königliche Flagge**, ein goldener Löwe mit Axt auf rotem Grund, gehisst ist.

◀ *Auf dem weiten Platz vor dem Königlichen Schloss thront das Reiterstandbild Karls III. Johan*

Oslo entdecken
Im Zentrum Oslos

> **Det Kongelige Slott**, am Ende der Karl Johans gate, Eingang auf der Rückseite des Schlosses, T-bane: Nasjonaltheatret, Tel. 81533133, www.kongehuset.no, Eintritt (nur Führungen): 95 nkr, erm. 85 nkr, Ende Juni bis Mitte Aug., Führungen auf Englisch: Mo.–Do., Sa. 12, 14, 14.20 Uhr, Fr./So. 14, 14.20, 16 Uhr

❼ Nationalgalerie ★★★ [K9]

Die Nationalgalerie ist Norwegens größte Sammlung an nationaler und internationaler Kunst. Schon 1832 beschloss das Storting die Etablierung eines eigenen Kunstmuseums. 1842 wurden erste Sammlungen im Schloss ausgestellt, 1882 zog die Sammlung in das heutige Gebäude um, das einst ein von der Christiania Sparebank gesponsertes Skulpturenmuseum beherbergen sollte.

Wie viele Bauwerke im Zentrum der Stadt, so ist auch die Nationalgalerie **ein Kind der Epoche des erwachenden Nationalbewusstseins** im 19. Jahrhundert, denn Norwegen wurde bis 1814 nicht nur politisch und wirtschaftlich von Dänemark aus verwaltet, sondern auch kulturell. Dementsprechend versuchten viele Künstler, über ihre Werke dem Land und seinen Menschen eine neue Identität zu geben. Den Anfang machten die **Nationalromantiker**, die in der Nationalgalerie besonders umfangreich vertreten sind. Die wichtigsten Gemälde dieser Epoche sind „Brudeferd i Hardanger" („Brautfahrt in Hardanger") von Adolph Tidemand und Hans Gude, das zum Sinnbild der norwegischen Kultur des 19. Jahrhunderts wurde, „Slindebirken" von Thomas Fearnley und „Fra Stalheim" von Johan Christian Dahl, Letzterer unverkennbar von Caspar David Friedrich inspiriert. Später kamen u.a. Bilder von Harriet Backer, Christian Krogh, der das Leben im Oslo des 19. Jahrhunderts porträtierte, und natürlich **Edvard Munch** hinzu. Eine Version eines seiner wichtigsten Werke, „Der Schrei", ist hier ebenso ausgestellt wie „Die Madonna".

Neben Werken norwegischer Bildhauer (u.a. Gustav Vigeland) und des Trollmalers Theodor Kittelsen sind auch international berühmte Maler wie Lucas Cranach d.Ä. („Das Goldene Zeitalter"), Cézanne, Picasso, Manet, Monet, van Gogh und Gaugin vertreten. Zu sehen sind außerdem Abgüsse antiker Skulpturen, die für das einst geplante Skulpturenmuseum vorgesehen waren.

Leider sind aufgrund der Tastache, dass die Bilder dicht an dicht hängen, nicht alle Gemälde wirklich gelungen präsentiert. Auch können nur etwa 6 bis 7% der gesamten Sammlung ausgestellt werden, der Rest lagert derzeit in einem feuchten Keller. Als logische Konsequenz dessen plant man derzeit den Bau einer neuen Nationalgalerie auf der Freifläche hinter dem ehemaligen Westbahnhof, in dem derzeit das Friedensnobelpreiszentrum ⓬ untergebracht ist.

> **Nasjonalgalleriet**, St. Olavs gate 1 (hinter dem Universitätsgebäude), Bus Nr. 33, 37, 47 bis Nordahl Bruns gate, Tel. 21982000, www.nasjonalmuseet.no, Eintritt 50 nkr, erm. 30 nkr, So. gratis, Di.–Fr. 10–18 Uhr, Sa./So. 11–17 Uhr

❽ Historisches Museum ★★ [K9]

Gegenüber der Nationalgalerie befindet sich das Historische Museum. Der schöne Jugendstilbau aus gelbem Ziegelstein und Granit wurde 1904 eröffnet. Die Sammlung im Erdgeschoss widmet sich der **kultur-

Oslo entdecken
Im Zentrum Oslos

historischen Entwicklung Norwegens von der Steinzeit bis zum Mittelalter. Zu sehen sind im ersten Saal neben Faustkeilen und Schabern der ersten Bewohner des Landes auch umfangreiche Funde aus der Wikingerzeit. Herausragend dabei sind der einzige erhaltene **Wikingerhelm** (ohne Hörner!), goldene Broschen und Fibeln.

Im nächsten Saal wölbt sich imposant die **bemalte Decke einer ehemaligen Holzkirche**. Ausgestellt werden hier auch diverse **kunstvolle Ringe**, die bei Ausgrabungen gefunden wurden. Die schönsten sind ein Messingring aus der Gamlebyen in Oslo, besetzt mit Rubinen, Smaragden und Lapislazuli (13. Jh.), ein Silberring aus der Mariakirche Oslo (um 1300) und ein Goldring aus Risør, auf dem Maria mit dem Jesuskind zu sehen ist (1450–1500).

Unbestrittener Höhepunkt der Sammlung ist der nun folgende Raum, in dem **prächtige Stabkirchenportale** von mittlerweile abgerissenen Kirchen zu bestaunen sind. Die schönsten Portale sind jene der Stabkirchen von Ål und Hylestad. Den Eingangsbereich des ersten Gotteshauses, ca. 1150 erbaut, zieren die Ranken der Weltenesche Yggdrasil und auf Säulen thronende Löwen zur Dämonenabwehr, denn obgleich man zum Christentum bekehrt wurde, war der heidnische Glaube noch nicht komplett abgelegt. Das Portal der Kirche von Hylestad im Setesdal ist 50 Jahre jünger, jedoch noch beeindruckender. Auf ihm sind **Szenen der Sigurdsage** dargestellt.

Sigurd, im deutschen Raum unter dem Namen Siegfried bekannt, wuchs bei König Hjalprek auf und ging beim zauberkundigen Schmied Regin in die Lehre. Regin erzählte Sigurd, dass Favne (Regins Bruder und Rivale) sich in einen Drachen verwandelt habe und nun einen Goldschatz bewache, auf dem ein Todesfluch laste. Trotzdem überredete Regin Sigurd, sich den Schatz anzueignen. Für ihn schmiedete er das besonders scharfe Schwert Gam. Diese Szene ist im rechten Portalteil zu sehen. Links hingegen ist zu erkennen, wie Sigurd Favne tötet. Die Sage erzählt weiterhin, dass Sigurd dazu angehalten war, Favnes Herz zu verzehren. Als er dies tat, verstand er die Sprache der Vögel. Diese rieten ihm, auch Regin zu töten und das Gold für sich alleine zu behalten. Wandert der Blick nun nach oben, so ist Gunnar, ein weiterer Protagonist der Sage, zu erkennen. Er wurde von König Atle in die Schlangengrube geworfen, als Strafe dafür, dass er Sigurd tötete, um sich des Goldschatzes zu bemächtigen.

Gegenüber dem Stabkirchportal ist ein **Runenstein** aus der Zeit um 1100 zu sehen. Die Inschrift besagt: „Jorunn errichtete diesen Stein für …, ihren Ehemann und führte den hierher aus Ringerike, von Ulvøy. Möge dieser Bilderstein sie beide ehren (?)." Zu sehen sind neben den Runen auch Jagdszenen und auf der Rückseite Ranken im Ringerikestil. Dieser, wie die meisten anderen Runensteine auch, sind Grabsteine, die zumeist von Frauen für ihre verstorbenen Männer errichtet wurden.

Die erste Etage nun steht zunächst in starkem Kontrast zum Erdgeschoss, denn zuerst gelangt man zu **vier ägyptischen Mumien** in mit Hieroglyphen und Abbildern der Totengötter Osiris und Isis wunderbar verzierten Sarkophagen. Diese waren ein Geschenk des ägyptischen Staates an die schwedisch-norwegische Union. Die zwei ältesten stammen aus der 21. Dynastie (1069–945 v. Chr.),

Im Zentrum Oslos

die mittlere aus der 25. (747–664 v. Chr.) und die jüngste aus der ptolemäischen Zeit (200 v. Chr.), als Ägypten schon griechisch war.

Im Raum hinter den Mumien ist das **Münzkabinett** untergebracht. Sehenswert sind vor allem die Winkermünzen von Harald Schönhaar und Olav dem Heiligen sowie die Speciesdaler des 17. bis 19. Jh. Interessant ist der Übergang vom Skilling zur Krone, den das Jahr 1875 markiert, als die nordischen Länder eine Münzunion eingingen. Diese wurde Anfang der 1920er-Jahre wieder aufgelöst, da sich die Wertigkeit der einzelnen Kronen unterschiedlich entwickelte. Um die Kronen nun voneinander unterscheiden zu können, wurden die bis dahin nicht durchstoßenen norwegischen Münzen nachgelocht.

Der restliche Teil der ersten Etage ist der **ethnografischen Sammlung** gewidmet. Zu sehen sind Gegenstände aus dem arktischen, amerikanischen und ostasiatischen Raum. Eine winzige antike Ausstellung zeigt zudem einige ägyptische, etruskische, römische und griechische Exponate. Im Obergeschoss finden außerdem regelmäßig Ausstellungen zu verschiedenen kulturhistorischen Themen statt.

Insgesamt werden die teils herausragenden Funde in keiner schlechten Manier, aber auch nicht gerade umwerfend spannend präsentiert. An den Exponaten befinden sich nur vereinzelt Erläuterungen und diese sind zumeist nur auf Norwegisch verfasst. Glücklicherweise erklärt sich vieles auch von selbst. Außerdem liegt ein englischsprachiger Katalog aus. Da wie schon bei der Nationalgalerie ❼ viele Stücke aufgrund von Platzmangel nicht gezeigt werden können, ist ein Museumsneubau geplant.

> **KURZ & KNAPP**
>
> **Runen**
>
> Das Wort „Rune" bedeutet so viel wie „geheime Botschaft/Wissen". Das älteste bekannte Runenalphabet, nach seinen Anfangsbuchstaben „Futhark" genannt, umfasst 24 Zeichen, das neuere, modernisierte nur noch 16. Ihren Ursprung hat die **Schrift der Wikinger** vermutlich im orientalischen Raum, sie ähnelt der minoisch-griechischen Keilschrift. Einige Runen sind die direkten Vorgänger der Buchstaben i, t, b und m.
>
> Runen wurden üblicherweise in Holz, Knochen und Stein graviert. Ihre **kantige Gestalt** ist darin begründet, dass auf diesen Materialien geschwungene Linien technisch nicht umsetzbar waren. Die Zeichen konnten in Gedenken an gefallene Verwandte als Grabinschrift geritzt werden, dienten auf Schmuckstücken oder Waffen der Besitzanzeige oder vermittelten einfache Botschaften.

› **Historisk Museum,** Frederiks gate 2, Straßenbahn 11, 17, 18 bis Tullinløkka, Tel. 22851900, www.khm.uio.no, Eintritt 50 nkr, geöffnet: Mitte Mai bis Mitte Sept. Di.–So. 10–17 Uhr, sonst Di.–So. 11–16 Uhr

❾ Rathaus ★★★ [K10]

Das markante Osloer Rathaus als filigran zu bezeichnen, wäre wie Norwegen landschaftlich mit den Niederlanden zu vergleichen. Wuchtig und kolossal überragt das Verwaltungsgebäude seine Umgebung. Die beiden markanten quadratischen Türme recken sich 63 bzw. 66 m gen Himmel. Mächtig schiebt sich der „Bauch" kastenförmig gen Hafen. Das Haus ist ein Kind seiner Zeit (1930er-Jah-

Oslo entdecken
Im Zentrum Oslos

re) und daher in einem rein funktionalistischen Stil erbaut. Nichts wirkt verspielt, wobei bei genauerem Hinsehen die Fassade auch mit einigen Details aufwarten kann. Und so mancher Gast hat das Gebäude schätzen gelernt, denn bei aller Strenge: Langweilig ist es nicht, vor allem nicht im Inneren.

Nachdem das alte Rathaus viel zu klein geworden war, schlug 1915 der ehemalige Bürgermeister der Stadt, Hieronymus Heyerdahl, vor, das ärmliche Hafenviertel Vika abzureißen und anstelle dessen ein neues Verwaltungshauptgebäude zu errichten. Es wurde ein Architekturwettbewerb ausgeschrieben, aus dem die Norweger Arnstein Arneberg und Magnus Poulsson als Sieger hervorgingen. Ihr Vorschlag orientierte sich am Stockholmer Stadthaus, musste jedoch noch mehrmals umgearbeitet werden. Nachdem Geldmangel dem Projekt zunächst einen Riegel vorgeschoben hatte, konnte 1931 endlich mit dem Bau begonnen werden. Der mit roten Ziegelsteinen verkleidete Betonkorpus wurde 1936 vollendet. Da jedoch der Krieg weitere Arbeiten verhinderte, wurde das Rathaus erst **1950 anlässlich des 900-jährigen Stadtjubiläums eingeweiht.**

▲ *Wuchtige Erscheinung: die Türme des Rathauses*

Im Zentrum Oslos

Die Westfassade schmückt eine Skulptur des Wikingerkönigs Harald Schönhaar, in Richtung Hafen hingegen ist der Stadtpatron St. Hallvard zu sehen. Hier stehen auch die von Per Palle Storm geschaffenen Skulpturen der verschiedenen Handwerkszünfte, die am Bau des Rathauses beteiligt waren.

Über den nördlich gelegenen Fridtjof Nansens plass kann das Gebäude betreten werden. Man läuft an Holzreliefs mit Motiven aus der Edda vorbei eine Treppe hinauf. Am rechten Turm, von dem stündlich ein Glockenspiel ertönt, befindet sich eine **astronomische Uhr**. Sie hat vier Zeiger, jeweils für die Stunden, die Tage, die Monate und das Jahr, und zeigt auch die 12 Tierkreiszeichen.

Man betritt das Innere über den **großen, marmorverkleideten Rathaussaal**, in dem jedes Jahr am 10. Dezember, dem Todestag Alfred Nobels, der **Friedensnobelpreis** verliehen wird. Dieser wie auch die anderen Räume wurden von zeitgenössischen Künstlern gestaltet, die sich allesamt dem Thema „Volk" annahmen. Zu sehen sind monumentale Malereien von Henrik Sørensen und Alf Rolfsen, welche die norwegische Nation in der Zeit von 1930 bis 1945 zeigen. Zudem schuf Karl Högberg mit Mitteln der Osloer Börse ein Fresko über „Handel und Gewerbe". Nach Protesten der Linken durfte Reidar Aulie in einem sehr ähnlichen Stil eine Art Pendant über die Arbeiterbewegung gestalten. Das **Munch-Zimmer** beherbergt, wie der Name vermuten lässt, ein Gemälde von Edvard Munch. In der südwestlichen Ecke des Raums haben sich zudem die Architekten namentlich verewigt.

So nicht gerade Sitzung ist, kann auch ein Blick in den **Ratssaal** geworfen werden. Der halbkreisförmige Grundriss soll das demokratische Prinzip versinnbildlichen und spiegelt sich in dem außerhalb liegenden, in gleicher Gestalt angelegten Fridtjof Nansens Plass wider. Den Saal ziert ein wunderbarer Wandteppich von Else Poulsson, der St. Hallvard und das Leben der Stadt darstellt.

Einen eher gutbürgerlichen Charakter weist hingegen der **Bankettsaal** auf. Abgesehen vom Wandgemälde „Leben am Fjord" ist dieser einem Schlosssaal nachempfunden. Ihn zieren Gemälde der Mitglieder der Königsfamilie seit 1905.

> **Rådhus,** Fridtjof Nansens plass, Straßenbahn 12, Tel. 23461200, www.rft.oslo.kommune.no, Eintritt frei, geöffnet: tägl. 9–18 Uhr

⑩ Pipervika, Victoria terrasse und Stenersenmuseet ★ [J10]

Vor dem Rathaus, in Richtung Wasser, liegt der **Rådhusplass**. Bis 1990, als der neue Straßentunnel unter dem Zentrum fertiggestellt wurde, war dies ein verkehrsumtoster Ort, der trotz des in den 1950er-Jahren von Emil Lie und Per Hurum angelegten Skulpturenparks kaum zum Verweilen einlud. Heutzutage sieht dies schon anders aus. Mit dem Rathaus im Rücken hat man von hier einen tollen Blick auf die Festung Akershus ⑮ zur Linken und das Einkaufszentrum Aker Brygge ⑬ zur Rechten.

▶ *Noch heute imposant: die Victoria terrasse*

Oslo entdecken
Im Zentrum Oslos

Geradeaus liegt der Oslofjord mit seinem quirligen Bootsleben und der **innerstädtische Hafen**, an dem Boote zur Museumshalbinsel Bygdøy (s. S. 66) ablegen. Er trägt noch heute den Namen des ehemals hier liegenden Stadtviertels: **Pipervika**. Die Bezeichnung „Pieperbucht" leitet sich dabei von Militärmusikern, den „Pipern", ab, die hier ihre ärmlichen Behausungen hatten. Das Viertel war bis zu seiner Umgestaltung der Slum der Stadt mit Prostitution, Glücksspiel und einem Vergnügungspark.

Das sich in Richtung Westen anschließende **Viertel Vika** („Die Bucht") war da schon mondäner. Hier lagen prächtige Bauten, von denen jedoch viele in den 1960er-Jahren modernen Verwaltungskästen weichen mussten. Stehen blieb nur die **Victoria terrasse** am Ruseløkkveien. Erbaut wurde der 180 m lange Komplex in den Jahren 1884–1890. Das Gebäude wurde von verschiedenen Architekten entworfen und vereint diverse Stile in sich, u. a. Neorenaissance und Neogotik. Es entstanden 124 moderne Wohnungen für Wohlhabende, die beachtenswerterweise schon von Beginn an über elektrisches Licht verfügten. 1913 zogen in die Räumlichkeiten kommunale Verwaltungen ein, bis das Haus 1940 von der **Gestapo** als Hauptquartier in Beschlag genommen wurde. Hier befand sich u. a. ein Verhörzimmer für alle Gefangenen aus dem Raum Oslo. Da später viele die Victoria terrasse mit Unterdrückung und Gewalt in Verbindung brachten, wurde der untere Basarbereich umgestaltet und 1962 in Richtung Nordosten ein modernes Verwaltungsgebäude vorgesetzt, damit das Gebäude nicht mehr vom Schloss aus zu sehen war.

Gegenüber der Victoria terrasse befindet sich das 1977 eingeweihte **Konserthus** (s. S. 22) und das **Stenersenmuseet**. Letzteres wurde 1994 eröffnet und zeigt norwegische Kunst der Zeit von 1850–1970. Ausgestellt werden die Nachlässe von gleich drei Osloer Künstlern: Amaldus Nielsen (1838–1932), Ludvig O. Ravensberg (1871–1932), einem Verwandten

Oslo entdecken
Im Zentrum Oslos

Munchs, und natürlich Rolf E. Stenersen (1899–1978). Stenersen war mit Edvard Munch befreundet, weshalb besonders viele der grafischen Werke Munchs hier zu sehen sind. Weitere vertretene Künstler sind u. a. Jakob Weidemann, Rolf Nesch und Erling Enger. Es ist geplant, das Stenersenmuseet in ein neues Gebäude nahe der Oper umzusiedeln, um alle Werke dauerhaft zeigen zu können.

› **Stenersenmuseet,** Munkedamsveien 15, www.stenersen.museum.no, Tel. 23493600, Eintritt 60 nkr, Di., Do. 11–19 Uhr, Mi., Fr.–So. 11–17 Uhr

⓫ Ibsen-Museum ★ [J9]

Die am südlichen Schlosspark vorbeiführende Straße ist die **Henrik Ibsens gate**, benannt nach Norwegens wohl bekanntestem Dichter und Dramatiker, der hier in der Nummer 26 zwischen 1895 und 1906 seinen Lebensabend verbrachte.

Als Ibsen 1895 nach Christiania (Oslo) zog, war er bereits eine Attraktion. Und wie bei berühmten Leuten üblich, konnte er kaum einen unbehelligten Schritt vor die Tür machen. Damit er sich wenigstens ab und zu auch im Freien erholen konnte, wurde ihm der Schlüssel zum nicht-öffentlichen Teil des Schlossparks überlassen, der seiner Wohnung gegenüber liegt. In seinem Stammlokal im Grand Hotel (s. S. 121) konnte er jedenfalls kaum allein sein.

Die Wohnung des Dichters wurde, nachdem sie lange als Büroraum und Praxis diente, 1993 in ein Museum verwandelt, das man anlässlich des 100. Todestages komplett sanierte. Viel Originalinterieur war zu diesem Zeitpunkt bereits in alle Welt zerstreut und musste zurückgekauft werden, so u. a. Ibsens massive Badewanne, die den Kühen eines Bauernhofes in Gran jahrzehntelang als Trog diente. Im Rahmen von Führungen können sein **Arbeitszimmer,** wo er seine letzten Werke schuf, und eine **Dauerausstellung** besichtigt werden.

› **Ibsenmuseet,** Henrik Ibsens gate 26, Straßenbahn 13, 19, Tel. 22123550, www.ibsenmuseet.no, Eintritt: 85 nkr,

KURZ & KNAPP

Henrik Ibsen

Henrik Ibsen (1828–1906) wurde in Skien geboren und machte als Sechzehnjähriger zunächst eine Lehre als Apotheker im südnorwegischen Grimstad. 1850 zog er nach Christiania (Oslo), wo er sein erstes Theaterstück verfasste. Sein Talent war unbestritten und schon ein Jahr später holte ihn Ole Bull, der als der „Teufelsgeiger" bekannt wurde, nach Bergen, wo Ibsen als Hausdichter und künstlerischer Leiter am Det Norske Theater angestellt wurde. 1852 führten ihn Studienreisen nach Kopenhagen und Dresden, 1857 übernahm er die Leitung des Kristiania Norske Theater in Christiania (Oslo). 1864–1891 lebte der Dichter in Italien und Deutschland. In dieser Zeit entstanden seine bedeutendsten Bühnenwerke: „Peer Gynt" (1867), „Nora oder Ein Puppenheim" (1879), „Gespenster" (1881) und „Die Wildente" (1884). Seine **progressiven Dramen,** die Freiheit, Gleichberechtigung, Umweltschutz (!) und Selbstverwirklichung zum Thema haben, zählen noch heute zur Weltliteratur und werden an vielen Theatern aufgeführt, u. a. regelmäßig am Osloer Nationaltheater ❹. Was für ein widerstrebender und eigenwilliger Charakter Ibsen war, zeigen seine überlieferten letzten Worte: „Im Gegenteil!" („Tvertimod!")

erm. 60 nkr, geöffnet: 15.5.–14.9. tägl. 11–18 Uhr, ansonsten Di.–So. 11–16 Uhr, Do. bis 18 Uhr

❶❷ Friedensnobelpreiszentrum ★★ [J10]

Direkt neben dem Rathaus, in Richtung Hafen, liegt das gelbe Gebäude des ehemaligen Westbahnhofs, in dem seit 2005 das Friedensnobelpreiszentrum untergebracht ist. Das Zentrum dokumentiert anschaulich die bewegte **Geschichte des Friedensnobelpreises**, der seit 1900 verliehen wird. Unter anderem werden im „Nobel Garten" alle bisherigen Preisträger präsentiert. Anhand von Fotos und Filmen werden zudem Themen wie Konfliktlösungen, Krieg und Frieden behandelt.

Alljährlich im Herbst wird der Gewinner dieser Auszeichnung im Nobelinsitut bekannt gegeben. Die Verleihung des Preises erfolgt am Todestag Nobels, dem 10.12., im Osloer Rathaus ❾. Entsprechend dem Testament Alfred Nobels soll der Preis denjenigen auszeichnen, „der am meisten oder am besten auf die Verbrüderung der Völker und die Abschaffung oder Verminderung stehender Heere sowie das Abhalten oder die Förderung von Friedenskon-

Alfred Nobels Erbe

*Am Westende des Schlossparks steht das gelbe Haus des **norwegischen Nobelinstituts** (Henrik Ibsens gate 51). Hier wird alljährlich beraten, wem der aktuelle Friedensnobelpreis zuerkannt wird. Benannt ist die Auszeichnung nach dem Schweden Alfred Bernhard Nobel (1833–1896), dem beachtliche 355 Patente zugesprochen wurden und der 1862 das Dynamit entwickelte, das relativ sichere Sprengungen ermöglicht.*

*Der Reichtum seiner Familie gründete sich auf Rüstungsfabrikationen. Nobel selbst **hasste den Krieg**, wobei er jedoch der Ansicht war, dass eine besonders starke Vernichtungswaffe die Menschheit von kriegerischen Auseinandersetzungen abschrecken würde. Diesem Ziel widmete er seine Arbeit und geriet darüber in heftigen **Streit mit Bertha von Suttner**, die 1878 auf Nobels Stellenanzeige hin die Stelle einer Privatsekretärin angenommen hatte, diese jedoch bereits eine Woche später wieder aufgab.*

*Da Nobel kinderlos blieb, **vermachte er sein gesamtes Vermögen von 31,2 Mio. Kronen einer Stiftung**, die ohne „Rücksicht auf die Zugehörigkeit zu irgendeiner Nation" Preise für herausragende Leistungen auf den Gebieten der Physik, Chemie, Medizin, Literatur und Friedensbemühungen verleihen soll. Der Friedensnobelpreis, so legte er fest, sollte dabei vom Norwegischen Parlament vergeben werden, denn das Land war ja zum damaligen Zeitpunkt Teil der Union mit Schweden. Vielfach sieht man diese Entscheidung auch als Anerkennung für die friedlichen Unabhängigkeitsbestrebungen Norwegens. Erster Preisträger war 1901 Henry Dunant, als erste Frau erhielt 1905 Bertha von Suttner den Preis, seine ehemalige Sekretärin, die mittlerweile eine bedeutende Friedensaktivistin war.*

› *Website des Norwegischen Friedensnobelpreiskomitees:*
http://nobelpeaceprice.org

Oslo entdecken
Im Zentrum Oslos

gressen hingewirkt" und damit „im vergangenen Jahr der Menschheit den größten Nutzen erbracht" hat. Oft ist es jedoch auch das Ziel des Komitees, jene auszuzeichnen, die sich durch diese Ehrung erst verpflichtet fühlen könnten, die Welt positiv zu verändern und einen eingeschlagenen Weg weiterzugehen. In diesem Licht kann auch die Verleihung des Preises an Barack Obama im Jahr 2010 gesehen werden.

› **Nobels Fredssenter**, Rådhusplassen, Straßenbahn 12 bis Aker Brygge, Tel. 48301000, www.nobelpeacecenter.org, Eintritt: 80 nkr, erm. 55 nkr, geöffnet: 18.5.–31.8. tgl. 10–18 Uhr, sonst Di.–So. 10–18 Uhr

⓭ Aker Brygge/ Tjuvholmen ★★★   [I/J11]

Direkt am Hafen, neben dem Friedensnobelpreiszentrum, erstreckt sich das Aker-Brygge-Gelände. Hier lag ehedem die 1854 gegründete Akers Mekaniske Verksted AS, eine innerstädtische **Werft**, die 1982 Konkurs anmelden musste. Das Gelände wurde daraufhin in die Stadt integriert und zu einem neuen Stadtviertel umgestaltet. Dabei entstand zwischen 1986 und 1991 eine **gelungene Symbiose aus alten Fabrikgebäuden und moderner Architektur**, die perfekt den Übergang Oslos von einer unscheinbaren Stadt zu einer modernen Metropole versinnbildlicht.

Das Gelände beheimatet heute **70 Läden und beachtliche 40 Cafés und Restaurants.** Diese liegen zumeist am oder auf dem Wasser und bieten einen fantastischen Blick in Richtung der Festung Akershus ⓯ – wobei dieser in den meisten Fällen mit hohen Verzehrspreisen bezahlt werden muss. Doch man muss ja nicht gleich einkehren, ein abendlicher Bummel über die Uferpromenade tut es auch. Dabei wird man vor allem an lauen Sommerabenden hier die halbe Stadt antreffen und dabei leicht vergessen, dass man sich an einem Ort aufhält, der sich auf dem gleichen Breitenkreis wie die Südspitze Grönlands befindet. Der Golfstrom machts möglich.

Die ersten drei (nordöstlichen) Gebäude beherbergen zumeist Geschäfte, die hinteren Büros und Luxusapartments. Für ein abendliches Kaltgetränk empfiehlt sich eines der **Restaurantboote**, denn auf dem Wasser schafft es die Sonne auch nach 20 Uhr noch über die Dächer. Am Ufer findet man zudem einen kleinen Spielplatz, Eisstände, das ewige Friedenslicht und den **Anker der Blücher**, eines deutschen Kriegsschiffs, das 1940 Oslo einnehmen sollte, jedoch von der Festung Oscarsburg in Drøbak aus am 9. April versenkt wurde.

In der Mitte des Geländes der Aker Brygge liegt der Platz **Bryggetorget**

Im Zentrum Oslos

mit weiteren Restaurants, einem eigenwilligen Skulpturbrunnen, einer Pizzeria und einem gut sortierten Ica-Supermarkt. Von hier aus gelangt man auch über eine Brücke in das **neue Viertel Tjuvholmen** (chüf-holmen ausgesprochen), dessen Name „Diebesinsel" darauf verweist, dass sich dort bis ins 18. Jahrhundert hinein die Kriminellen der Stadt aufhielten und teils vor Ort hingerichtet wurden. Im 19. Jahrhundert entwickelte sich die Halbinsel zu einem Industriegebiet mit Kai, Bahnanschluss und Lagerhallen.

Als Verlängerung der Aker Brygge setzt man heute im Zuge des Projekts „Fjordbyen" (s. S. 35) alles daran, Tjuvholmen bis 2013 modern-attraktiv umzugestalten. Geplant sind 1200 Wohnungen, ein Hotel, ein Kunstmuseum mit Aussichtsturm, ein Skulpturenpark am Fjord, ein Badeplatz sowie diverse Lokale und Geschäfte.

Der **erste Bauabschnitt** ist bereits vollendet. Dieser umfasst u. a. mehrere noble Restaurants an einem Hafenbecken auf der hinteren Seite, eine Grünanlage und Gebäude mit geschwungenen Glasfassaden und abwechselnd hellen und dunklen Farbtönen, wobei Grau, Weiß, Türkis und Rot dominieren. Insgesamt erscheint die Architektur etwas gewöhnungsbedürftig, verliert aber nie das menschliche Maß, was sie letztendlich dann doch auszeichnet. Und nicht nur an Land bietet Tjuvholmen für viele eine neue Heimat. Auch unter Wasser ist „einiges los", wurden doch eigens für Hummer, Garnelen und Co. ein **künstliches Riff** angelegt.
› Straßenbahn 12

◀ *Blick auf die moderne Wasserfront von Tjuvholmen*

⓮ Astrup-Fearnley-Museum ★ [L11]

Im September 2012 wird in Tjuvholmen das neue **Astrup Fearnley Museum für Moderne Kunst** eröffnet. Entworfen wurde der beeindruckende Bau vom italienischen Stararchitekten **Renzo Piano**. Zu sehen sind u. a. Werke der international bekannten Künstler Francis Bacon, Anselm Kiefer und Andy Warhol.
› www.afmuseet.no

⓯ Festung Akershus ★★★ [K12]

Die Geschichte Norwegens seit den Wikingern ist eine vergleichsweise friedliche, geprägt vom Handel mit Holz und Fisch. Um sich jedoch gegen die wiederholten Angriffe seiner Nachbarn wehren zu können, mussten Verteidigungsanlagen errichtet werden. Der Bau der Festung Akershus wurde zwischen 1299 und 1304 unter König Håkon V. begonnen und unter der Regentschaft von Haakon VI. Magnusson im 14. Jh. vollendet. Akershus hielt mehreren Belagerungen der Schweden im 16. Jh. stand, musste jedoch daraufhin modernisiert werden. Dies geschah nach den neuesten Erkenntnissen italienischer Festungsbaukunst 1593–1604 und 1616–1646. Im Zuge des Umbaus wurde der mittlere Bereich **als Renaissanceschloss umgestaltet**.

Über viele Jahrhunderte hinweg existierte auf Akershus ein **Zuchthaus** und 1940–45 nutzten die **deutschen Besatzer** das Gemäuer als Gefängnis und Exekutionsplatz. Nach dem Krieg wurden hier Kollaborateure wie Vidkun Quisling, der norwegische Regierungschef von Hitlers Gnaden, hingerichtet.

Oslo entdecken
Im Zentrum Oslos

Die Festung wird heute zu **Repräsentationszwecken** und militärisch genutzt. Das schön gestaltete und absolut besuchenswerte Gelände erschließt sich am besten auf einem Rundgang entgegen dem Uhrzeigersinn. Dieser beginnt am nördlichen Haupteingang, über den man zunächst zu einem kleinen Karpfenteich gelangt. An ihm hält man sich rechts und läuft durch ein weiteres Tor, das Teil eines Gebäudes ist, das 1657 als Lager für Schießpulver erbaut wurde. Über eine idyllische Kopfsteinpflasterallee führt der Weg nun hinauf in Richtung Schloss. Bevor man zu selbigem weitergeht, lohnt ein Abstecher nach rechts zu einem kleinen, Ende des 17. Jahrhunderts erbauten Fachwerkhaus, welches das **Hjemmefrontmuseum** (s. S. 25) beheimatet. Hinter dem Haus und von den Bastionsanlagen aus hat man einen **wunderbaren Blick** über das Zentrum Oslos. Links neben dem Gebäude gedenkt ein von König Haakon VI. eingeweihtes Denkmal der Opfer der nationalsozialistischen Besatzung.

Weiter geht es nun durch einen Torbogen, über dem die Garde Seiner Majestät patrouilliert. Er ist Teil des unter Hans Paaske 1567 angelegten **inneren Verteidigungswalls**. Beachtenswert sind die in den Seiten des Torgewölbes eingesetzten originalen Ornamentsteine einiger abgerissener mittelalterlicher Kirchen.

Man erreicht nun einen kleinen Platz. Im Sommer kann von hier aus bis 16 Uhr das Schloss über den um 1300 erbauten Nordflügel, der u. a. den Königssaal beheimatet, betreten werden. Schaut man auf dem nun folgenden Schlosshof geradeaus, so erblickt man den 1622–1625 erbauten **Blåtårnet** („Blauer Turm"), ein Treppen- und Kirchenturm für die in den 1620er-Jahren unter Christian IV. erbaute, recht schlichte **Schlosskapelle**. Rechts befindet sich ein Gebäudeflügel mit dem Namen **Romerike**, benannt nach einer Region nördlich von Oslo. Dieser war schon Teil der einstigen Mittelalterburg, wurde jedoch

Oslo entdecken
Im Zentrum Oslos

1633 umgestaltet. Er umfasst neben einem Lagerkeller und dem Romerikesaal auch diverse Verwaltungszimmer, die u. a. vom Statthalter und von Henrik Wergeland (1808–1845), einem der Nationaldichter des Landes, bewohnt wurden.

An das Haus schließt sich ein weiterer Gebäudeteil an, der ein sogenanntes „doppeltes Geheimnis" hat, nämlich eine sich über zwei Etagen erstreckende Toilettenanlage – lange Zeit durchaus eine hygienische Besonderheit. Sehr schön kann man am äußeren Gemäuer auch die verschiedenen Baustadien ablesen: unten die im 14. Jh. verwendeten Feldsteine, darüber der später verwendete Ziegelstein und letztendlich Mauersteine aus dem 17. Jh.

Abgerundet wird das Ensemble vom **Südflügel**. Neben der Schlosskirche umfasst dieser teils noch aus dem Mittelalter stammende Komplex den ehemaligen Festungszugang und mehrere recht prächtige Repräsentationsräume, die im 17. Jh. erbaut wurden.

Über den Nordeingang verlässt man nun auch wieder das Schloss und folgt, vorbei an einem Turm, der in Teilen noch aus dem Jahre 1300 stammt und als Kerker und Schießpulverlager genutzt wurde, einem auf der Wasserseite bergab führenden Weg. Beachtenswert ist die Pflasterung, denn die mittleren Steine sind gedreht, damit die Pferde besser Tritt fassen konnten. Der Pfad mündet in den Bereich der ehemaligen **mittelalterlichen Vorburg**. Links steht der um 1300 erbaute **Jungfrauenturm**, über den bis ins 16. Jh. hinein der Zugang zur Burg erfolgte. Rechter Hand hingegen ist der **Munks-Turm** (1559) zu sehen, der der Verteidigung und des Sammelns von Trinkwasser diente. Durch ein Tor gelangt man zur 1616 begonnenen **Prins Carls Bastion**, ei-

▲ *Die Festung Akershus im abendlichen Licht*

Oslo entdecken
Im Zentrum Oslos

KLEINE PAUSE

Blick über Oslo
Innerhalb der Festung geht es am oberen Ende des zum Schloss führenden Weges zum Widerstandsmuseum (Hjemmefrontmuseet, s. S. 25). Danach geht der Weg unter dem Haus durch oder rechts den Wall hinauf. Dahinter bietet sich ein **schöner Rundblick über die gesamte Innenstadt** bis hin zum Holmenkollen ❹. Bänke und Rasenflächen laden hier zum Verweilen ein. Tipp: Vorher leckere Garnelen am Hafen im Ica-Supermarkt an der Aker Brygge ❸ kaufen.

ner Grünanlage mit Kanonen und Fjordblick – ideal für ein Picknick.

Wir befinden uns nun unterhalb des Schlosses und laufen in nördlicher Richtung auf barackenartige Gebäude zu, die als Unterkünfte sowohl Soldaten wie auch Gefangenen dienten und in verschiedenen Etappen bis 1778 erbaut wurden. Der schmucke kleine Kräutergarten ist schon auf Bildern aus den 1580er-Jahren zu sehen und somit eine echte Institution. Gegenüber dem gelben Hauptgebäude führt eine 1653 angelegte Brücke über die Kongens gate (Königsstraße) zum Festungsplatz mit dem Gebäude der seit 1750 betriebenen **Krigsskole**, an der militärische Führungskräfte ausgebildet werden, und zum Verteidigungsmuseum (s. S. 24).

› **Akershus slott og festning**, Akershuskai, Straßenbahn 12, Tel. 22412521, www.akershusfestning.no, Eintritt: Gelände gratis, Schloss 70 nkr, erm. 50 nkr, Familien 160 nkr, geöffnet: Gelände 6–21 Uhr, Nebentore 1.10.–30.4. nur bis 18 Uhr, Schloss: 2.5.–31.8. tägl. 10–16, So. ab 12.30–16 Uhr, 1.9.–30.4. Sa./So. 12–17 Uhr

⓰ Inseln im Oslofjord ★ [J16]

Von der Südspitze der Halbinsel, auf der die Festung Akershus liegt, Vipetangen genannt, legen die Fähren zu den Inseln im Oslofjord ab. Ein absolut empfehlenswerter Ausflug für alle, die eine Pause vom Stadtleben brauchen.

Jede Insel hat ihren **eigenen Charakter und Charme.** Wer nicht viel Zeit übrig hat, sollte Hovedøya besuchen. Wer es geruhsamer angehen kann, dem seien besonders Nakholmen, Gressholmen und Langøyene ans Herz gelegt.

Hovedøya: Dies ist die größte und am schnellsten zu erreichende Insel. Die Wälder der Nordwest- und Südostflanke des Eilands stehen unter Naturschutz. Hier blühen einige Wärme liebende bzw. nur hier in Norwegen vorkommende Pflanzen wie z. B. Oregano oder Thymian. Insgesamt wurden 440 Arten gezählt. Doch auch kulturell ist Hovedøya von Interesse, z. B. existieren Reste eines von 12 englischen Mönchen 1147 gegründeten und 1532 im Zuge der Reformation zerstörten Zisterzienserklosters. Zudem finden sich diverse Häuser und Kanonen aus den 1820er-Jahren, als die Insel zu einer vorgeschobenen Verteidigungsanlage ausgebaut wurde. Während des Zweiten Weltkriegs nutzten die Deutschen diese Häuser als Unterkünfte und errichteten zudem ein Lager für bis zu 1000 Soldaten. Heute locken auf der Insel mehrere schöne Badeplätze, zudem laden Wanderwege zu einem Rundgang ein. Auf der Insel finden sich ein Imbiss und am Sandstrand Duschen sowie Toiletten.

Gressholmen: Die Insel ist bekannt für ihren Vogelreichtum, insgesamt wurden bis zu 160 Arten registriert. Bei einem Rundgang entdeckt man

Oslo entdecken
Im Zentrum Oslos

Reste einer 1894 erbauten Leinölfabrik, einen kleinen Leuchtturm und den Hafen. Dieser war von 1927 bis 1952 die Anlegestelle von Wasserflugzeugen und somit Oslos erster Flugplatz. Westlich des heutigen Hafens lag bis 1878 der Winterhafen der Stadt. Da die Winter seinerzeit noch strenger waren, war der Fjord oft monatelang zugefroren. Man vertäute daher hier draußen die Schiffe und transportierte die Waren auf Pferdeschlitten über das Eis in die Stadt. Die Metallringe für die Taue sind noch heute zu sehen. Auf der Insel gibt es außerdem einen Imbiss, kinderfreundliche Badeplätze und Toiletten. Bis 2007 hoppelten auch zahllose zahme Kaninchen auf Gressholmen herum. Da diese jedoch die Insel erodierten und die geschützte Vegetation abfraßen, mussten sie weichen – ironischerweise genau zu Ostern.

Langøyene: Wer etwas Norwegisch kann, wird sich wundern, bedeutet der Name Langøyene doch wörtlich: „die langen Inseln" – zu sehen ist jedoch nur eine. Der Grund: Der Sund zwischen den Eilanden musste bis 1940 als Müllhalde herhalten. 1949 begann man mit der Planierung und Auffüllung des Areals, das fortan als Badeplatz diente. Da hier die Wassertemperaturen im Sommer schnell mal 20 °C und mehr erreichen, ist Langøyene noch heute die beliebteste Badeinsel im Fjord. Es gibt einen Sandstrand, im Südteil auch mit FKK-Bereich *(naturist),* einen Kiosk, Toiletten, eine große Wiese und einen Zeltplatz – ein Relikt aus den 1960er-Jahren, als weniger vermögende Osloer hier regelmäßig ihre Sommerferien verbrachten.

Die Hütteninseln: Bleikøya, Lindøya und Nakholmen beheimaten viele kleine Ferienhäuser. Einen Besuch lohnt am ehesten Nakholmen. Die Insel liegt genau an der Einfahrtsschneise der Fähren und Kreuzfahrt-

▲ *Idyllische Holzhäuser auf der Fjordinsel Bleikøya*

Oslo entdecken
Im Zentrum Oslos

schiffe. Die Sommerhäuschen sind hier besonders klein ausgefallen und bieten schöne Fotomotive. Öffentliche Badeplätze gibt es nur auf Lindøya, wo auch eine Meridiansäule aus dem 19. Jh. an die Berechnung der genauen Lage Oslos erinnert.

› Drei **Fährrouten** steuern die genannten Inseln an (im Sommer stündl. zwischen 6.45 und 22.45 Uhr, sonst stündl. bis etwa 17 Uhr): Nr. 92 (stündlich zu den Inseln Hovedøya – Lindøya – Nakholmen), Nr. 93 (nach Bleikøya – Gressholmen – Lindøya – Hovedøya), Nr. 94 (Mai–Aug. nach Langøyene). Man kann auch einfach im Boot sitzen bleiben und so zum normalen Stadttarif eine **Fjordrundfahrt** unternehmen. Ein **Ticketautomat** steht am Anleger in Vipetangen. Empfehlenswert ist das **Øybillett**: Es gilt einen Tag lang für alle Fähren und kostet 45 nkr.

› Tel. 23327786, www.trafikanten.no

⓱ Kvadraturen ★ [L11]

Nachdem das alte Oslo 1624 durch einen Brand zerstört worden war, beschloss König Christian IV., die Stadt direkt unterhalb der Festung Akershus neu zu gründen, damit diese fortan besser verteidigt werden konnte. Um erneute Feuer zu vermeiden, durfte nur noch mit Stein oder in Fachwerkbauweise gebaut werden. Eine Maßnahme, die nicht unbedingt auf Gegenliebe stieß, hatte man mit diesen – noch dazu kostspieligen – Bauweisen keinerlei Erfahrung.

Angelegt wurde der Ort **im Stil der Renaissance, also rechtwinklig**, was dem heutigen Viertel auch seinen Namen eintrug: Kvadraturen – Quadratur. Im Zuge des Aufblühens der Stadt gegen Ende des 19. Jh. und der Lage des Quartiers zwischen den beiden Bahnhöfen stiegen die Grundstückspreise stark an. Dies führte dazu, dass nahezu alle ein- und zweietagigen Gebäude abgerissen und durch größere Geschäftshäuser ersetzt wurden. Da gleichzeitig immer mehr Menschen Kvadraturen den Rücken kehrten und in die neu entstandenen Villen- und Einfamilienhausviertel zogen, entstand so ein reines Handelszentrum. Nach der Anlage der Karl Johans gate ❶ siedelten jedoch auch die meisten Läden um, sodass das Gebiet sich letztendlich zu dem **Büro- und Verwaltungsviertel** entwickelte, das es noch heute ist.

Kvadraturen ist ein interessanter, kontrastreicher und zum Teil auch problembelasteter Stadtteil. Zum einen finden sich hier noch einige wirklich sehenswerte alte Gebäude und spannende Museen, zum anderen aber auch einmalig hässliche Beton-

Oslo entdecken
Im Zentrum Oslos

bauten. Nahe der Festung Akershus florierte zudem der Straßenstrich, ein Problem, dass man nun jedoch immer mehr in den Griff zu bekommen scheint.

Zentraler Punkt von Kvadraturen ist der hübsche Platz **Christiania Torv** [L11]. Dies sollte einst der neue zentrale Marktplatz Oslos werden, er verlor diesen Status mit der Anlage des Stortorvet gegenüber der Domkirche ❷ jedoch recht schnell. Auf seinen alten Glanz verweist heute ein adretter Brunnen mit dem nach unten weisenden, überdimensionalen Handschuh Christians IV., der so viel bedeuten soll wie: „Genau hier soll die neue Stadt gegründet werden." Wie es sich für einen zentralen Platz gehört, errichtete man hier auch das **ehemalige Rathaus.** Das rote *Gamle Rådhus* ist noch erhalten, stammt aus dem Jahr 1641 und beheimatet ein kleines Theatermuseum (Juni– Aug. Di.–So. 11–16 Uhr, Eintritt frei).

Ihm gegenüber liegt der aus niederländischem Ziegelstein erbaute Hof **Rådmannsgården**, dessen älteste Gebäudeteile von 1626 stammen. Direkt dahinter befindet sich eines der wenigen erhaltenen zweigeschossigen Häuser. Die kleine gelbe Hofanlage, 1626 errichtet und im 19. Jh. umgebaut, beherbergt heute das Café Celsius, ein Traditionslokal mit bezahlbaren Gerichten (rund 150 nkr). Von der Höhe, aber nicht vom Alter her ähnlich ist das moderne Haus auf der anderen Seite. Hier lag einst der nach der abgebrannten Hallvardskirche in Alt-Oslo zweite Dom der Stadt. Dieser wurde jedoch wegen Baufälligkeit 1928 abgerissen und zeitgemäß durch eine Tankstelle ersetzt. Glücklicherweise erbarmte man sich des Platzes und errichtete in den 1990er-Jahren den heutigen Bau, in den passenderweise ein sehr gut sortiertes Antiquariat einzog.

Hinter dem Christiania Torv, entlang der Nedre Slottsgate in Richtung Festung, liegt das **Myntgataquartier.** Seinen Namen hat der Häuserkomplex von der städtischen Münzprägerei, die Christian IV. hier anlegen ließ. Im 19. Jh. entstanden jedoch an deren Stelle Kasernen und Ställe, die heute das Umweltministerium des Landes beherbergen. Im Kontrast zu den Backsteinbauten steht der moderne Anbau des Architekturmuseums (s. S. 23). Es gehört zum auf der anderen Seite liegenden **Bankplassen** [L11]. Dieser zweite größere Platz des Viertels wurde 1815 angelegt. Hier lagen, wie der Name schon vermuten lässt, die Geldinstitute der Stadt. Bis 1899 stand am Platz zudem das Christiania Theater. Dieses musste jedoch ebenfalls einem Bankhaus weichen, wobei die Kultur den Ort in Gestalt des in den 1990er-Jahren eröffneten Museums für Gegenwartskunst ⓲ zurückerobern konnte. Gegenüber dem Museum, in einem fast schüchtern wirkenden Haus, befindet sich seit 1862 das Restaurant Engebret (s. S. 17), das seinerzeit Treffpunkt vieler Künstler und Politiker war.

Wer etwas Zeit mitbringt, kann das Viertel weiter erkunden. Die attraktivste Straße ist die **Rådhusgata** [L11]. Hier liegen **einige der ältesten Häuser der Stadt**, so die Nummer 11, der Statholdergaarden, eine Villa aus dem Jahr 1640 und heute ein Gour-

◀ *Der zentrale Christiania Torv [L11] mit dem alten Rathaus (ganz rechts)*

Oslo entdecken
Im Zentrum Oslos

metrestaurant mit Michelinstern, die Nummern 10–14 von 1629 bis 1655 und die Nummer 7 aus dem Jahr 1647, wo ab 1734 auch das zweite Rathaus der Stadt untergebracht war.

Neben dem Gebäude kann man in die **Dronningens gate** in Richtung Karl Johans gate (Norden) einbiegen. Diese Straße war einst eine Hafenstraße. Da der Hafenbereich über viele Jahrhunderte hinweg mit Schutt aufgefüllt wurde, liegt der Fjord heute viele Hundert Meter weiter in Richtung Osten. Vielleicht auch deswegen hat die Dronningens gate eine historische linke bzw. westliche Straßenseite und eine rundheraus unattraktive rechte, östliche Straßenseite. Besonders erwähnenswert sind der Magistratsgården von 1647 (Nr. 11), das ehemalige Hotel du Nord (Nr. 13) aus dem 19. Jh., ehedem die erste Adresse der Stadt, und an der Ecke zur Tollbugata die alte Kriegsschule, ein schönes Rokokopalais aus dem 18. Jh. Auf der anderen Straßenseite ist lediglich der Kinoklub Cinemateket mit dem Filmmuseum (s. S. 24) erwähnenswert.

Gegenüber dem Palais lädt die 1914 bis 1924 erbaute **ehemalige Hauptpost** zu einer Pause ein. Hier lässt es sich im ruhigen Innenhof und im schicken Restaurant gut verweilen. Weiter geht es nun die Dronningens gate gerade aus bis zur **Prinsens gate** [M11]. In dieser Querstraße (insbesondere in Richtung Storting ❸) liegen noch viele der im 19. Jh. errichteten Geschäftshäuser. An der Ecke Prinsens/Kongens gate befindet sich zudem das Stammhaus der 1797 gegründeten Laden- und Kaufhauskette Stehen & Strøm, erbaut nach einem Brand im Jahre 1930.
› Straßenbahn 12, 13, 19, www.kvadraturenoslo.no

⓲ Museum für Gegenwartskunst ★ [L11]

Das Jugendstilgebäude aus Granit und Marmor wurde 1907 als Hauptsitz der Norges bank erbaut, beheimatet seit 1990 jedoch auf 2000 m² das Museum für zeitgenössische Kunst. Zu sehen sind 5000 norwegische und ausländische Werke der Jahre ab 1945, Gemälde, Skulpturen und Zeichnungen, Objekte und Installationen und teils sehr **hochwertige thematische Ausstellungen**.
› **Museet for Samtidskunst**, Bankplassen 4, Straßenbahn 12, 13, 19 bis Kongens gate, www.nasjonalmuseet.no, Tel. 21982000, Eintritt 50 nkr, So. gratis, geöffnet: Di., Mi., Fr. 11–17, Do. 11–19, Sa./So. 12–17 Uhr

▼ *Der neuen Oper kann man sogar aufs Dach steigen*

Im Zentrum Oslos

19 Oper ★★★ [N11]

Die Osloer Oper führte jahrzehntelang ein Schattendasein. Qualitativ schlecht waren die Aufführungen zwar nicht, allerdings international wenig beachtet und in einem nicht gerade zeitgemäßen Übergangsbau am Youngstorget untergebracht.

Um einen Neubau wurde lange Zeit gestritten, am Ende jedoch gelang ein wirklich großer Wurf. Als die neue „gute Stube" der Stadt am 12. April 2008 eingeweiht wurde, staunte die Welt nicht schlecht über diesen einmaligen Bau an der Bucht Bjørvika. Dieser soll, wie die regen Bauaktivitäten in der Umgebung zeigen, nur der Anfang eines gewaltigen städtischen Umgestaltungsprozesses sein, an dessen Ende sich ein graues Hafenviertel in die „Fjordby" – die „Stadt am Fjord" – verwandelt haben soll (s. S. 35).

Am besten erreicht man die Oper über eine Brücke vom Bahnhof aus. Diese überquert eine Schnellstraße, die in den kommenden Jahren komplett umgestaltet wird. Bislang tobte hier der Verkehr, doch mit der Einweihung eines neuen Senktunnels anno 2010 konnte das Verkehrsaufkommen beträchtlich reduziert werden. In naher Zukunft folgen nun der Abriss des zweietagigen Kreisverkehrs – bis dato der unbestritten hässlichste Bau Skandinaviens – und eine alleenartige Begrünung.

Die neue Oper, entworfen vom norwegischen Stararchitektenbüro „Snøhetta", liegt **wie eine gleißende Eisscholle** am Fjordufer. Betritt man das **Foyer**, so erwartet den Besucher eine einmalige Symbiose aus Holz, Glas und reinem Weiß. Ungewöhnlicherweise können auch das **Dach und die Dachflanken betreten** werden. Dabei sollte man aufpassen, denn Eis ist tückisch. Überall lauern gewollte (!) Stolperstellen und man kann von Glück reden, dass keine Gletscherspalten mit eingebaut wurden.

Vom Dach bietet sich ein toller Ausblick. In Richtung Hafen erkennt man die im Wasser verankerte **Skulptur „She lies"** („Sie liegt") der italienischen Künstlerin Monica Bonvicini, auf der anderen Seite sieht man das Zentrum Oslos und die neuen Hochhäuser des **Barcode-Viertels**, Letzteres ein neuer Abschnitt des Fjordby-Projekts. Seinen Namen trägt es, weil die Gebäude wie ein Strichcode angelegt sind, d. h. eine kurze Front und lange Seiten besitzen. So soll den Bauten in Richtung Wasser ihre Dominanz genommen werden.

Opernveranstaltungen finden entweder im 1369 Sitze umfassenden **Großen Saal** oder dem 400 Gästen Platz bietenden **Kleinen Saal** statt. Diese können auch im Rahmen von Führungen besichtigt werden. Im Großen Saal fallen vor allem der mit 8000 Leuchtdioden ausgestattete Kronleuchter, der zudem eine akustische Funktion hat, und der Bühnenvorhang auf. Letzterer ist mit knapp 400.000 € der **teuerste Bühnenvorhang der Welt**, 22,65 x 11 m groß und aus Wolle, was man ihm jedoch nicht ansieht, gibt er doch durch seine einmalige Webart vor, aus reinem Aluminium zu sein. An jedem Stuhl kann das Libretto mitgelesen werden, wobei zwischen acht verschiedenen Sprachen gewählt werden kann. Dass bei dieser Ausstattung die Aufführungen, die Bühnentechnik und die Gastronomie ebenfalls erstklassig sind, verwundert nicht.

› **Den Norske Opera**, Kirsten Flagstads pl. 1, T-Bane: Jernbanetorget, Tel. 21422121, www.operaen.no, geöffnet: Foyer Mo.–Fr. 10–23, Sa. 11–23, So. 12–22 Uhr, Kartenverkauf: Mo.–Fr. 10–20, Sa. 11–18 Uhr, Führungen (100 nkr): Mo.–Sa. 12 Uhr, So. 12.30 Uhr, Karten an der Kasse im Opernhaus, tel. Vorbestellung ratsam

Museumshalbinsel Bygdøy

Bygdøy bedeutet so viel wie „Dorfinsel" – der Name umschreibt damit ziemlich treffend den Charakter dieser Halbinsel. Die Mischung aus parkähnlichen Anlagen, Wäldern, Feldern, Badestränden, kleinen Häfen und schicken Villen allein wäre schon ein guter Grund für einen Besuch, doch finden deswegen wohl nur Einheimische hierher. Auswärtige Besucher locken eher die hochkarätigen Museen Bygdøys an, die kulturhistorischen wie maritimen Themen gewidmet sind.

Bis zur Reformation gehörten die Ländereien Bygdøys dem Zisterzienserorden auf Hovedøya und wurden zudem für die Versorgung der Festung Akershus ⓯ genutzt. Später wurde die Halbinsel der Krone zugeschlagen und diente dem König als Jagdrevier, der hier auch ein kleines Jagdschloss errichten ließ. Dieses bildete die Grundlage für den späteren **Königshof** *(Kongsgård)*, den man bei einer Fahrt auf die Halbinsel als erstes Gebäude erblickt und dessen Hauptgebäude aus dem Jahre 1733 stammt. Die Straße in Richtung der Anlage trägt einen alleenartigen Charakter. Sie sollte Teil einer Parkanlage sein, die unter König Karl Johan zwischen Schloss ❻ und Bygdøy angelegt werden sollte. Leider konnte der Plan nicht umgesetzt werden.

Oslo entdecken
Museumshalbinsel Bygdøy

Da jedoch Oslos Hafenfront im Zuge des Projektes Fjordbyen (s. S. 35) umgestaltet werden soll, könnte in einigen Jahren des Monarchen Idee doch noch zu späten Ehren gelangen.

Bygdøy ist von jeher ein **beliebtes Wohngebiet**, wobei der 1939 auf der Nachbarinsel Fornebu eröffnete Flughafen das Erlebnis erheblich schmälerte. Seit 1998 sind die Flugzeuge nun nach Gardermoen abgezogen, doch ruhig ist es deswegen noch lange nicht – zumindest nicht nahe den Museen und Stränden.

Der beliebteste **Strand** auf Bygdøy ist Huk (Wegweiser „Hukodden" folgen) genau am Südende der Halbinsel. Etwas abgelegener und noch schöner ist die kinderfreundliche Paradisbukta (ab Parkplatz Hukodden 400 m nach Nordwesten). In der Umgebung der beiden Badeplätze befinden sich auch schöne Wander-/Joggingwege.

› **Anfahrt:** Bus 30 ab Hauptbahnhof und Nationaltheater zu allen Museen und nach Hukodden, alternativ (nur 1. April bis 10. Oktober) Boot Nr. 91 ab Anlegestelle vor dem Rathaus. **Achtung:** Fahrrad- und Kinderwagenmitnahme nur bei jeder 2. Überfahrt. **Hinweis:** Tickets können auf Bygdøy nicht gekauft werden!

⓴ Norwegisches Freilichtmuseum ★★ [D12]

Das Osloer Freilichtmuseum ist das größte seiner Art in ganz Norwegen.

In Skandinavien war es schon jahrhundertelang Tradition, nach dem Kauf von Gebäuden diese bei Bedarf einfach „mitzunehmen" und an einem anderen Ort wieder aufzubauen – die Blockbauweise machte dies möglich. Die Idee, Häuser aus verschiedenen Regionen an einem Platz zusammenzutragen, um so gesammelte Einrichtungsgegenstände in ihrer natürlichen Umgebung präsentieren zu können, lag da eigentlich nur nahe. Umgesetzt wurde der Gedanke als Erstes vom Kammerherrn König Olavs II., der 1881 auf dem Gelände des Bygdøyer Königshofs **das erste Freilichtmuseum der Welt** eröffnen ließ. Es war vermutlich Vorbild für das zehn Jahre später von Artur Hazelius angelegte Stockholmer Skansenmuseum. Letzteres errang schnell große Bekanntheit und war selber wiederum Inspiration für die Eröffnung vieler neuer Freilichtmuseen in ganz Nordeuropa.

Zu sehen sind heute 155 Gebäude aus allen Teilen Norwegens, die man sich am besten auf einem Rundgang entgegen dem Uhrzeigersinn erschließt (gratis Übersichtsplan an der Kasse).

Durch den Haupteingang (hier liegen auch ein gemütliches Café und ein gut sortierter Souvenirshop) gelangt man auf einen Innenhof, der von städtischen Gebäuden vom Beginn des 20. Jahrhunderts umgeben ist. Diese Bauten beheimaten eine umfassende Ausstellung von **norwegischen Alltagsgegenständen**. Besonders interessant sind die Volkskunstsammlung im linken Erdgeschossflügel und die Gegenstände aus norwegischen Kirchen (in der 1. Etage nach rechts und dann wieder eine Treppe hinab). Insgesamt wirkt das Ausstellungskonzept jedoch sehr angestaubt. Die Kirchengegenstände zum Beispiel können nur von einer Empore herab aus einiger Entfernung betrachtet werden und die Sammlung an Trachten (1. Etage links) wirkt recht uninspiriert. Bis 2014 soll eine (hoffentlich gelungene) Umgestaltung erfolgen.

Museumshalbinsel Bygdøy

Vom Marktplatz aus geht es nun nach links, vorbei an einem Kräutergarten, einer Schulstube und einer Kapelle, hinauf zur größten Attraktion: der **Stabkirche von Gol** *(Gol Stavkirke)*. Sie ist Teil der alten Sammlung Oscars II. und wurde, nachdem sie für die Gemeinde zu klein geworden war, abgetragen und hierher versetzt. Die ältesten Bauteile stammen aus dem 12. Jh., wobei Umbauten im 17. und 18. Jh. den Sakralbau deutlich veränderten. Im Zuge des Wiederaufbaus auf dem Museumsgelände erhielt das Gotteshaus sein (vermutetes) ursprüngliches Aussehen zurück. Die markantesten Bauteile sind die Holzstämme im Innern, die sogenannten *staver,* von denen sich auch der norwegische Name *Stavkirke* ableitet. Um das Holz gut zu konservieren und zu härten, wurden die Bäume zunächst entrindet und so einige Jahre „unbekleidet" im Wald stehen gelassen. Anschließend setzte man die Stämme auf ein Fundament und verband sie mit Andreaskreuzen im oberen Schiff. Gedeckt wurde das Gebäude mit steil übereinander getürmten Giebeldächern, die meist einen düsteren Laubengang überragen. Da Glas im Norden lange Zeit nicht verbreitet war, gab es nur kleine Lichtöffnungen, der Innenraum war ansonsten dunkel und unbestuhlt. Vom Chor aus wurde der neue christliche Glaube gepredigt, wobei zumindest die Bauherren von diesem noch nicht vollständig überzeugt schienen, findet man doch an den Giebeln sowohl Kreuze als auch der Dämonenabwehr dienende Drachenköpfe vor. Auch die reich verzierten Portale mit ihren verschlungenen Ranken, die

▲ *Die Stabkirche von Gol ist das Highlight des Freilichtmuseums*

Oslo entdecken
Museumshalbinsel Bygdøy

auf die in der Edda erwähnte Weltenesche Yggdrasil verweisen, machen die zum Teil noch immer heidnische Lebenseinstellung der einstigen Erbauer sichtbar.

Um den Rundgang fortzusetzen und auch alle Hofanlagen besichtigen zu können, geht man entweder an der Stabkirche einen etwas steilen Pfad bergab oder den Weg zurück. Besonders sehenswert sind des Weiteren die Lager- und Wohnhäuser aus dem Setesdal und dem Numedal mit der **Raulandstua**, dem **ältesten erhaltenen Wohnhaus** des Landes aus dem 13. Jh. als Höhepunkt. An der Kate verweist eine Runeninschrift auf den Erbauer: *Thorgautr fifil mik gerdi* – „Thorgautr machte mich".

Empfohlen sei zudem ein Besuch der **idyllischen Hordaland-Anlage** und der **Häuser der Telemark**. Unter Letzteren beeindruckt eine mit Rosenmalerei verzierte Bauernstube aus dem 18. Jh. Die Rosenmalerei gelangte als Form der dekorativen Verzierung im 18. Jh. nach Norwegen und fand hier wohl ihre emsigsten Nacheiferer. Zumeist waren es arme Bauern und Häusler, die in der kalten Jahreszeit von Haus zu Haus zogen und sich als autodidaktische Dorfmaler ein Nebeneinkommen verdingten.

Hinter dem Telemark-Hof führt ein Weg zu Gebäuden aus dem Christiania (Oslo) des 17.–19. Jh. Zu sehen sind ein kleines Zahnarztmuseum, gutbürgerliche Stadthäuser samt Interieur, ein Kolonialwarenladen, in dem es leckere Bonbons gibt, eine Apotheke und eine Straße mit knorrigen Fachwerkhäusern.

Insgesamt ist das Museum schön angelegt und einen Besuch wert. Leider warten einige weniger bekannte Gebäude aufgrund von Geldmangel seit Jahren auf ihre Sanierung.

› **Norsk Folkemuseum**, Museumsveien 10, www.norskfolkemuseum.no, Tel. 22123700, Eintritt: 100 nkr, erm. 75 nkr, Familie 200 nkr, Nebensaison Geländezutritt gratis, geöffnet: 15.5.–14.9. tägl. 10–18, sonst Mo.–Fr. 11–15, Sa./So. 11–16 Uhr
› Anfahrt: Bus 30 ab Hbf., Haltestelle Folkemuseet, Boot 31 ab Rathauskai (1.4.–10.10.) bis Anleger Dronningen brygge (erster Stopp)

㉑ Wikingerschiffsmuseum ★★★ [D12]

Stars dieses spannenden Museums sind drei berühmte norwegische Wikingerschiffe, die unter Grabhügeln südlich von Oslo gefunden wurden.

Betritt man das Museum, so läuft man direkt auf dessen größte Attraktion zu: das **Osebergschiff**. Es wurde um das Jahr 820 gebaut und 1904 unter einem Grabhügel am Oslofjord zwischen Horten und Tønsberg entdeckt. Das in Tausende von Einzelteilen zerfallene Schiff konnte in langer Puzzlearbeit wieder zusammengesetzt werden. Es besteht zu 90 % aus ursprünglichem Holz. Der Vordersteven, also die vordere Verlängerung des Kiels, konnte originalgetreu rekonstruiert werden, die Spitze des Achterstevens (hintere Begrenzung des Schiffsrumpfes) ist hingegen eine freie Rekonstruktion. Das Schiff ist 22 m lang, 5 m breit und besitzt 15 Öffnungen für Ruder auf jeder Seite. Die Mannschaft bestand vermutlich aus 32 Mann: 30 Ruderer, ein Steuermann und ein Wachposten.

Das Osebergschiff war ein Gebrauchsfahrzeug und nicht allein für die Bestattung gedacht. Dass es **als Grabbeigabe** für einen mächtigen König oder Häuptling für dessen Fahrt nach „Walhall" diente (der Ruheort

Oslo entdecken
Museumshalbinsel Bygdøy

KURZ & KNAPP

Wikingerboote
Die Boote der Wikinger sind wahrscheinlich aus Einbäumen hervorgegangen, die durch Ansetzen von sich überlappenden Planken nach oben hin vergrößert wurden. Der Kiel ist ein Überbleibsel des Einbaums. Gebaut wurde von außen nach innen. Man begann mit einem leicht gebogenen Balken aus der Mitte eines Baumes (meist Kiefer) und verband selbigen mit dem Vorder- und Achtersteven. Zwischen diese spannte man mit Holznägeln oder durch in Teer getränkte Wollschnüre verbundene Planken. So entstand die Außenschale. Da man keine Sägen kannte, wurden die Planken wie Tortenstücke aus einem Stamm herausgeschlagen. Das Holz riss dabei an gewachsenen Fasern und war somit biegsam und stabil. Die Planken waren 2–3 cm dünn, was die Boote schnell und leicht machte. Für ein Rahsegel, das mit Pferdefett wasserabweisend gemacht wurde, mussten bis zu 200 Schafe ihre Wolle lassen. Gesteuert wurde das mit Teer abgedichtete Wikingerschiff mit einem Ruder steuerbords (an der rechten Außenwand).

tapferer Kämpfer), zeigen auch die reichhaltigen weiteren Funde, die in der Halle hinter dem Osebergschiff ausgestellt sind. Prunkstücke sind **drei reich verzierte Schlitten**, von denen einer aus 1061 Einzelteilen wieder zusammengesetzt werden musste, und ein **Wagen**. Da das Straßennetz zur Wikingerzeit nur schlecht ausgebaut war und die Vorderachse starr und unbeweglich ist, dürfte der Wagen bei Prozessionen zur Anwendung gekommen sein. Ebenfalls religiösen Zwecken dienten wahrscheinlich die fünf **Tierkopfpfosten** mit aufgerissenem Maul. Andere Grabbeigaben hingegen sollten dem Verstorbenen seinen Aufenthalt im Jenseits erleichtern. So wurden u. a. Kleidungsstücke, Kämme und Küchenutensilien gefunden. Ausgegraben wurden auch die Skelette von zwei Frauen und mehreren Pferden – ein Indiz dafür, dass die treuen Untertanen bei der Bestattung mit getötet wurden und dem Herrn an Odins Tafel zu folgen hatten.

In zwei Seitenhallen sind weitere Wikingerschiffe zu sehen. Das schon 1880 bei Sandefjord ausgegrabene **Gokstadschiff** ist 23 m lang und sehr gut erhalten, wobei die Spitzen der Steven und alle dunkelbraun gebeizten Teile neu sind. Das **Tuneschiff** schließlich wurde um 890 erbaut und ist nur in Fragmenten erhalten.

Dokumentationen über die mehrmalige Öffnung der Wikingergräber beschließen die Ausstellung. Nachdem die Funde zu Beginn des 20. Jh. geborgen worden waren, bestattete man die ausgegrabenen Skelette wieder. Vor einigen Jahren wurden die Gräber erneut geöffnet und die menschlichen Überreste nun eingehenden Analysen unterzogen. Man möchte in Erfahrung bringen, woran die Menschen verstarben und wie alt sie wurden.

› **Vikingskiphuset,** Huk aveny 35, Tel. 22135280, www.khm.uio.no/vikingskipshuset, Eintritt: 60 nkr, erm. 35 nkr, geöffnet: Mai–Sept. tägl. 9–18 Uhr, ansonsten 10–16 Uhr, an Feiertagen geschlossen

› Anfahrt: Bus 30 ab Hbf., Haltestelle Vikingskipene, Boot 31 ab Rathauskai (1.4.–10.10.) bis Anleger Dronningen brygge (erster Stopp)

▶ *Formvollendete Eleganz: das Osebergschiff*

Die Wikinger

Den Beginn der **knapp 300-jährigen Dominanz** der Wikinger in Europa markiert der Überfall auf das Kloster Lindisfarne an der Ostküste Englands im Jahr 793. Gründe für diese und folgende Attacken waren Ressourcenknappheit und Stammesfehden in der Heimat, aber auch eine allgemeine Abenteuerlust. Der **zur Perfektion getriebene Schiffsbau** erleichterte dabei das Vorankommen. Die Boote waren sowohl für die hohe See als auch für Flüsse geeignet, konnten an seichten Ufern anlanden und notfalls über längere Strecken gezogen werden. Von Kriegern erobert und später von Händlern und Bauern besiedelt wurden auf diese Art und Weise u. a. Teile Russlands, Frankreichs, Englands und Irlands.

Von Norwegen aus erfolgte zudem die **Landnahme Islands.** Das Land aus Feuer und Eis bildete später den Ausgangspunkt für weitere Fahrten gen Westen. So entdeckte Erik der Rote im Jahr 982 Grönland und sein Sohn **Leif Eriksson** um das Jahr 1000 herum sogar Amerika – 500 Jahre vor Christoph Kolumbus. Die von ihm „Vinland" genannte Region, deren Name eher von Weide- als von Weinland herrührt, liegt laut dem norwegischen Forscher Helge Ingstad im Norden Neufundlands und nennt sich heute L'Anse aux Meadows.

Auch wenn die Vormacht der Wikinger 1066 mit der Schlacht bei Hastings endete, so hinterließen sie auch heute noch **nachvollziehbare Spuren.** So geht vermutlich der Name Russland auf schwedische Wikinger zurück, die sich „Rus" nannten. Auch die Normandie trägt den Namen ihrer nordischen Eroberer, der Normannen, und in England verweisen auf -by, das norwegische Wort für Stadt, endende Ortsnamen auf wikingerzeitliche Gründungen.

Museumshalbinsel Bygdøy

㉒ Kon-Tiki-Museum ★★ [F13]

Das Kon-Tiki-Museum ist ganz dem **norwegischen Entdecker und Abenteurer Thor Heyerdahl** (1914–2002) gewidmet. Schon mit acht Jahren zeichnete der kleine Heyerdahl fantasievolle Bilder von Südseeinseln und entschied sich, Entdeckungsreisender zu werden. Nur folgerichtig begann er 1933, Geografie und Biologie zu studieren. Heyerdahl war zeitlebens ein Anhänger der experimentellen Archäologie, die versucht, die Lebensweise und die Techniken der Vergangenheit zu erforschen, indem sie diese nachbildet und zur Anwendung bringt. Seine erste Reise führte ihn 1937 nach Polynesien, wo er ein Jahr lang mit seiner Frau Liv auf der einsamen Insel Fatu Hiva lebte.

Bekannt wurde Heyerdahl jedoch durch die **Kon-Tiki-Expedition**. Er hatte die Theorie, dass die Eilande des Südpazifik von Südamerika her besiedelt werden konnten und wollte den Beweis selber antreten. Dazu baute er ein Floß aus frisch geschlagenem Balsaholz, das mithilfe von Segeln und Steckschwertern perfekt steuerbar war und auch gegen den Wind kreuzen konnte. 1947 stach er mit einer sechsköpfigen Mannschaft vor Peru in See, nach rund 7000 km Fahrt und 101 Tagen erreichte er Raroia im Tuamotu-Archipel. Einige Wissenschaftler bezweifelten, dass diese Reise überhaupt stattfand, mussten ihren Irrtum jedoch eingestehen, als Heyerdahl einen **Dokumentarfilm** über die Expedition veröffentlichte. Dieser wurde in über 70 Sprachen übersetzt und erhielt den Oscar als bester Dokumentarfilm und für den besten Schnitt. Der Oscar ist neben dem **originalen Kon-Tiki-Floß** im Museum zu bestaunen.

Ebenfalls ausgestellt sind die Kopie einer überdimensionalen **Moai-Figur**, die Heyerdahl auf den Osterinseln in den 1950er-Jahren ausgrub, und natürlich die **Ra II**. Sie war Gegenstand einer Expedition, die beweisen sollte, dass Amerika schon vor Kolumbus und den Wikingern von Afrikanern entdeckt worden sein könnte. Um den Beweis antreten zu können, ließ Heyerdahl von afrikanischen Fischern vom Tschadsee ein Papyrusboot bauen. Mit diesem, nach dem ägyptischen Sonnengott Ra benannten Gefährt stach er 1969 in See. Kurz vor dem Ziel, der Karibikinsel Barbados, fiel es jedoch auseinander. Mit der authentischeren und drei Meter kürzeren Ra II gelang 1970 das Experiment jedoch. Weitere Expeditionen führten ihn u. a. nach Peru, auf die Malediven und nach Teneriffa.

› **Kon-Tiki museet,** Bygdøynesveien 36, Tel. 23086767, www.kon-tiki.no, Eintritt: 70 nkr, erm. 40 nkr, Juni-Aug. tägl. 9–18 Uhr, Apr./Mai/Sept. tägl. 10–17 Uhr, März/Okt. tägl. 10–16 Uhr, Jan./Feb./Nov./Dez. tägl. 10.30–15.30 Uhr

› Anfahrt: Bus 30 ab Hbf., Haltestelle Bygdøynes, Boot 31 ab Rathauskai (1.4.–10.10.) bis Anleger Bygdøynes (zweiter Stopp)

LITERATURTIPP

Spannender Expeditionsbericht
Seine abenteuerliche Reise mit der Kon-Tiki beschreibt Heyerdahl in „**Kon-Tiki. Ein Floß treibt über den Pazifik**", Ullstein Verlag, 2000.

▶ *Das ungewöhnliche Gebäude des Fram-Museums beherbergt das gleichnamige Polarschiff*

Oslo entdecken
Museumshalbinsel Bygdøy

㉓ Fram-Museum ★★★ [F13]

Dieses Museum ist ganz dem Polarschiff Fram und den norwegischen Polarforschern Nansen, Sverdrup und Amundsen gewidmet.

Das Museumsgebäude wurde um die 39 m lange **Fram, dem wahrscheinlich bekanntesten Polarschiff der Welt**, herumgebaut. In Auftrag gegeben hatte es der norwegische Forscher, Zoologe und Staatsmann **Fridtjof Nansen** (1861–1930) beim seinerzeit ebenso berühmten wie kongenialen Ingenieur **Colin Archer** (1832–1921), einem Norweger schottischer Abstammung. Nansen verlangte ein Boot, das hohem Eisdruck standhalten und mit dem man somit so weit wie möglich gen Norden vordringen konnte. Zusammen mit Archer entwarf er daraufhin ein Schiff mit einem eierförmigen Rumpfquerschnitt ohne Kiel, das vom Eis nicht wie sonst üblich zermalmt, sondern emporgehoben wurde. Zudem konnten das Ruder und der Propellerantrieb eingezogen werden.

Im Juli 1893 stach Nansen mit der Fram in See. Ziel war es, das Boot im Eis einfrieren zu lassen und sich mit der einer vermuteten Nordpolarströmung folgenden Eisdrift gen Nordpol treiben zu lassen. Als es offensichtlich wurde, dass mit dem Schiff das Ziel nicht zu erreichen war, brach Nansen, begleitet von Hjalmar Johansen, im März 1895 mit drei Schlitten, 28 Hunden und zwei Kajaks zu Fuß auf. Sie erreichten den Nordpol nicht und mussten bei 86° 4' umkehren. Der Kapitän der Fram war **Otto Sverdrup**. Er unternahm mit dem Schiff auch eigene Expeditionen, die ihn unter anderem zu den nach ihm benannten Sverdrup-Inseln im nördlichen Kanada führten.

Mehr noch als die Reisen Sverdrups sollte die Expedition des Polarforschers **Roald Amundsen** (1872–1928) in die Geschichtsbücher eingehen. Amundsens Interesse galt seit

Museumshalbinsel Bygdøy

Kindesbeinen dem Nordpol. Er plante, diesen nach dem missglückten Versuch Nansens als erster Mensch der Welt zu erreichen, und akquirierte unermüdlich Spendengelder für diese Expedition. Seine Pläne wurden im September 1909 jedoch jäh durchkreuzt, als er erfuhr, dass sowohl Cook als auch Peary behaupteten, den nördlichsten Punkt der Erde erreicht zu haben. Amundsens Kehrtwende hätte nicht größer sein können: Er beschloss, sich nun der **Eroberung des Südpols** zuzuwenden. Doch Eile war geboten, als bekannt wurde, dass der Engländer Robert Falcon Scott das gleiche Ziel verfolgte. Amundsen hielt daher seine Pläne so lange wie möglich geheim.

Am 14. Januar 1911 machte die Fram an der Bucht der Wale fest. In den folgenden Monaten wurden Versorgungsdepots angelegt und Nahrung für den kommenden Winter geschossen. Am 8. September brachen Amundsen und seine Mannschaft auf und erreichten den Südpol am 14. Dezember 1911. Auch Scott erreichte den südlichsten Punkt, allerdings erst einen Monat später. Tragischerweise verstarben Scott und seine Kameraden auf dem Rückweg, wohingegen Amundsen und seine Mannen die Fram am 8. Januar 1912 wohlbehalten erreichten.

Durch Amundsens Expedition ist die Fram noch heute jenes Schiff, das am weitesten nördlich und südlich auf der Welt reiste. Das Museum überzeugt durch **viele Bilder, Karten und Dokumente** und verströmt dank seines etwas angestaubten Charmes genau jene Atmosphäre, die den Besucher in das Abenteuer Polarforschung eintauchen lässt. Bei einem Besuch sollte man auch nicht verpassen, die Fram zu betreten und sich die engen Kajüten anzusehen. Das Dröhnen des (Lautsprecher-)Eises lässt einen dabei tief in arktische und antarktische Gefilde eintauchen.

Verlässt man das Museum, so sollte man noch kurz einen Abstecher zum Wasser machen. Hier liegt an Land die **Gjøa**, ein erstaunlich kleines Schiff, mit dem es Roald Amundsen 1906 schaffte, als erster Mensch der Welt die legendäre Nordwestpassage vom Atlantik zum Pazifik zu durchsegeln.

› **Frammuseet**, Bygdøynes, www.fram.museum.no, Tel. 23282950, Eintritt: 80 nkr, erm. 30/50 nkr, geöffnet: Juni–Aug. tägl. 9–18 Uhr, Mai/Sept. tägl. 10–17 Uhr, März/Apr./Okt. tägl. 10–16 Uhr, Jan./Feb./Nov./Dez. Mo.–Fr. 10–15 Uhr, Sa./So. 10–16 Uhr, feiertags geschlossen

› Anfahrt: Bus 30 ab Hbf., Haltestelle Bygdøynes, Boot 91 ab Rathauskai (1.4.–10.10.) bis Anleger Bygdøynes (zweiter Stopp)

㉔ Norwegisches Seefahrtsmuseum ★ [F13]

Das dritte Museum in dieser Ecke der Halbinsel Bygdøy ist das Norwegische Seefahrtsmuseum. Bis zum 100-jährigen Jubiläum im Jahr 2014 soll es zu einem Erlebnis- und Wissenschaftszentrum ausgebaut werden. Momentan jedoch ist das Museum nicht fürchterlich spannend. Es gibt ein paar Schiffsmodelle zu besichtigen und es wird die Geschichte der norwegischen Ölindustrie erläutert. Allerdings, wer sich für maritime Malerei interessiert, ist hier goldrichtig. Neben Christian Krohgs (1852–1925) bekanntem überdimensionalem Gemälde „Leif Eriksson entdeckt Amerika" gibt es auch eine umfangreiche Sammlung von diversen Schiffsmotiven, u. a. von Gun-

Oslo entdecken
Museumshalbinsel Bygdøy

> **KLEINE PAUSE**
>
> **Pause auf Lille Herbern**
> Etwa 300 m vor Fram-, Kon-Tiki- und Seefahrtsmuseum führt der Weg Herbernveien hinab zum Wasser. Hier legt in der Zeit von Juli bis Ende September zwischen 12 und 22 Uhr ein kleines Boot zur kleinen Insel Lille Herbern ab (30 nkr für Hin- und Rückfahrt), auf der sich ein idyllisches Restaurant befindet. Für die durchgängig guten Gerichte zahlt man 160–190 nkr.
> › www.sult.no, Tel. 22449700

nar Berg und Hans Gude. Lohnend auch der Panoramafilm von Ivo Caprino, der den Zuschauer auf eine Reise entlang der Küste mitnimmt.
› **Norsk Maritimt Museum**, Bygdøynes, www.marmuseum.no, Tel. 24114150, Eintritt: 60 nkr, Rentner 35 nkr, geöffnet: 15.5.–31.8. 10–18 Uhr, ansonsten 10–15 Uhr, Do. bis 18 Uhr, geschl.: feiertags
› Anfahrt: Bus 30 ab Hbf., Haltestelle Bygdøynes, Boot 91 ab Rathauskai (1.4.–10.10.) bis Anleger Bygdøynes (der zweite Stopp)

㉕ Oscarshall ★★ [E11]

Oberhalb einer kleinen Halbinsel im nordöstlichen Teil Bygdøys liegt das **kleine Lustschloss Oscarshall**. Es wurde auf Geheiß König Oscars I. 1847 bis 1852 zu Repräsentationszwecken erbaut. Ziel war es, dass man vom Königlichen Schloss ❻ am Wasser entlang bis nach Oscarshall durch einen Park lustwandeln konnte. Noch heute besitzt das Schlösschen in Richtung Fjord eine **einladende Grünanlage**.

Der Bau vereint neugotische wie auch maurische Elemente und wirkt äußerlich nicht gerade sehr skandinavisch. Oscarshall besteht aus zwei Gebäudeteilen. Im kleineren Anbau befindet sich der **reich dekorierte Speisesaal**. Besonderes Highlight sind hier die Gemälde des norwegischen Romantikers Adolph Tidemand (1814–1876). Sie zeigen einerseits das bäuerliche Leben von der Wiege bis zum Grab, andererseits die grandiose Natur des Landes. Dabei war es dem Maler wichtig, die Einzigartigkeit der Landschaft so darzustellen, dass die Gäste von deren Schönheit ergriffen und überzeugt sind, ohne jedoch selbst eine beschwerliche Reise durch das Königreich auf sich nehmen zu müssen.

Das **Hauptgebäude** besteht aus drei Etagen. Im Erdgeschoss gelangt der Besucher über einen azurblauen Raum in den Empfangssaal. Hier stehen für den König und dessen Gemahlin eine Art Thron, vor dem die Gäste Platz nehmen konnten. Ausgeschmückt ist das Zimmer mit Wappen, u.a. jenen von Norwegen und Schweden, und Skulpturen diverser Wikingerkönige. Sehenswert sind auch die oberen Stockwerke, welche die Gästezimmer und die Schlafzimmer der Monarchen umfassen.

Oscarshall gehört zum königlichen Besitz und kann nur im Rahmen von stündlich stattfindenden **Führungen** (letzte um 17 Uhr) besucht werden. Diese finden auf Norwegisch, z.T. auch auf Englisch statt.
› www.kongehuset.no, Eintritt: 70 nkr, Rentner 60 nkr, geöffnet: Mitte Juni–Mitte Aug. Mi.–So. 11–17 Uhr, Mai–Mitte Juni/ Mitte Aug.–Anf. Sept. Sa./So. 11–17 Uhr
› Anfahrt: Bus 30 ab Hbf., Haltestelle Kongsgården, Boot 91 ab Rathauskai (1.4.–10.10.) bis Anleger Dronningen brygge (erster Stopp), am Freilichtmuseum vorbei und anschließend rechts halten

Westliche Innenstadt

㉖ HL-Senteret ★ [C14]

Das HL-Senter ist ein besuchenswertes **Forschungs- und Dokumentationszentrum** zu den Lebensbedingungen von Minderheiten und zu Völkermorden, speziell dem **Holocaust**. Die Ausstellung setzt die Shoah in einen globalen Zusammenhang und schildert u. a. das Schicksal der norwegischen Juden. Ein Rundgang durch das Haus führt vorbei an in ihrer rassistischen Selbstverständlichkeit erschütternden Zeitdokumenten, die zudem belegen, dass Norwegen wie auch andere skandinavische Länder an der Judenverfolgung nicht unbeteiligt war.

Untergebracht ist das HL-Senter in der **Villa Grande**, einem 1917 von Christian Morgenstierne und Arne Eide für den Gründer des Konzerns Norsk Hydro, Sam Eyde, entworfenen Haus. 1941–1945 diente die Villa Grande dem norwegischen Kollaborateur und Hitlerverehrer Vidkun Quisling als Wohnsitz. Mit der Einrichtung dieses Forschungszentrums darf das Haus als rehabilitiert gelten. Dem Museum ist ein nettes Café angeschlossen.

› Huk aveny 56, www.hlsenteret.no, Tel. 22842100, Eintritt: 50 nkr, erm. 40 nkr, geöffnet: 15.5.–14.10. tägl. 10–18 Uhr, ansonsten 11–16 Uhr
› Anfahrt: Bus 30 bis Bygdøyhus

Westliche Innenstadt

㉗ Frogner ★★ [J7/H9]

Der Stadtteil Frogner liegt westlich des Stadtzentrums zwischen dem Königlichen Schloss ❻ und dem Vigelandspark ㉘. Die Gebietsbezeichnung Frogner leitet sich vom altnordischen Wort *Fraunar* ab, das „fruchtbare Erde" bedeutet und ziemlich gut den Charakter des Gebiets vor der Urbanisierung umschreibt. Bebaut wurde das Ackerland im Zuge der durch

Oslo entdecken
Westliche Innenstadt

die zunehmende Industrialisierung ausgelösten Stadterweiterungen gegen Ende des 19. Jahrhunderts.

Aus dieser Zeit stammt auch die **Unterteilung Oslos** in *Østkant* (Ostrand) und *Vestkant* (Westrand). Entlang der *Østkant* rinnt der Fluss Akerselva, der zur Energiegewinnung genutzt werden konnte und an dessen Ufer sich die Betriebe ansiedelten. Um diese herum gruppierten sich einfachere Wohnviertel für Arbeiter, z. B. Grünerløkka und Grønland. Im Gegensatz dazu steht die Vestkant, die vor allem aus dem Viertel Frogner besteht. Hier, fernab von Rauch und Schmutz, entstanden **noble Wohnviertel** mit gediegenen Villen und herrschaftlichen Stadthäusern.

Frogner erschließt sich am besten auf einem ca. 4 km langen **Rundweg.** Dieser beginnt in der nördlichen Ecke des Schlossparks, am Wergelandsveien [J8]. Wer vor dem Rundgang noch etwas Kraft tanken möchte, hat im **Litteraturhuset** (s. S. 21) die Gelegenheit dazu. Neben einem gemütlichen Lesecafé beherbergt das Haus auch einen großen Buchladen, eine Bühne und preiswerte Räumlichkeiten für Autoren. Sollte es gerade geschlossen sein, liegen direkt nebenan die Åpent Bakeri (s. S. 16) und der traditionsreiche Pub Lorry (s. S. 21) mit einer ans Absurde grenzenden Ausstattung und 129 Biersorten.

Gegenüber dem Lorry beginnt die **Einkaufsstraße Hegdehaugsveien** [J7/8]. In diese mündet linker Hand die Oscars gate, wo in einigen der zwischen 1860 und 1895 erbauten mondänen Villen **Botschaften** ihren Sitz haben, u. a. auch die deutsche. Auch die nachfolgende, nach rechts weg gehende Josefines gate säumen sehenswerte Stadthäuser aus dem 19. Jahrhundert.

Der Hegdehaugsveien führt weiter bergauf, trägt nun den Namen Bogstadveien und mündet auf den **Platz Majorstuen** [H6] (teils auch Majorstua genannt), wo die Straßenbahnen 11, 12 und 19 enden und eine große T-bane-Haltestelle liegt. Wir folgen nun links dem Kirkeveien [H6] ca. 500 m leicht bergab bis zum Haupteingang des **Vigelandsparks** ㉘. Nach einem Rundgang durch die sehenswerte Anlage geht es zum an deren Südspitze gelegenen Frogner plass. Hier folgen wir nun dem von Villen und Gründerzeithäusern gesäumten **Frognerveien** [G8], durch den auch die Straßenbahnlinie 12 Richtung Zentrum bzw. Majorstuen fährt, etwa 800 m weit bis zur Kreuzung mit der Niels Juels gate. Ab hier wird der Frognerveien zur Einkaufsstraße und mündet wenig später auf den Solli plass, an dem die **Nationalbibliothek** steht (Mo.–Fr. 9–19 Uhr, Sa. 9–14 Uhr, temporäre Ausstellungen, www.nb.no). Wir biegen jedoch 150 m vor dem Solli plass nach links ab und folgen der Niels Juels gate bis zur **Colbjørnens gate** [I9]. Wir befinden uns nun, wie die schicken Stadthäuser nahelegen, im besten Teil der *Vestkant* und beenden unseren Rundgang, indem wir der Colbjørnens gate nach rechts zum Hintereingang des Schlossparks folgen.

› Straßenbahn 11, 17, 18 bis Welhavens gate, T-bane bis Majorstuen

◀ *Stattliche Gründerzeithäuser im Stadtteil Frogner*

Westliche Innenstadt

㉘ Frognerpark (Vigelandspark) ★★★ [G7]

Der Frognerpark ist mit seinem alten Baumbestand (u. a. Magnolien, Ginkgo und Mammutbäume) der vielleicht schönste Park Oslos. Die über eine Million Besucher pro Jahr kommen jedoch nicht deswegen hierher. Für sie ist die monumentale wie einzigartige Skulpturenanlage des Bildhauers Gustav Vigeland die Hauptattraktion.

Mitte des 18. Jahrhunderts ließ der damalige Eigentümer des Herrenhofes Frogner einen Barockgarten anlegen. Rund 1840 entstand aus diesem Garten ein Landschaftspark. 1896 kaufte die Stadt das Eigentum und gab es vier Jahre später für die Öffentlichkeit frei. Nachdem 1914 auf dem Gelände eine große Ausstellung anlässlich des 100-jährigen Grundgesetzjubiläums stattfand, stand nach dem Abriss der zumeist provisorischen Pavillons und Hallen eine Neuordnung der Anlage an.

Seit den 1890er-Jahren gab es in der Stadt einen sogenannten „Fontänenfonds". Ziel war es, Geld für eine Fontäne vor dem Parlamentsgebäude ❸ zusammenzutragen. Für den Bildhauer **Gustav Vigeland** (1869–1943) war es eine willkommene Gelegenheit, da er schon länger von der Ausgestaltung eines Monumentalwerks träumte. 1901 zeichnete er auf eigene Initiative hin erste Skizzen. Da diese zu überzeugen wussten, bekam er 1907 den Zuschlag für das Projekt. Vigelands Konzeption wurde jedoch immer großzügiger und passte gestalterisch bald nicht mehr ins Zentrum der Stadt. Als er 1919 die Idee einer Säule mit aufsteigenden Figuren hatte und sich zunehmend an diesem Einfall festbiss, war endgültig klar, dass er einen neuen Standort benötigte. Vigeland entschied sich für den noch immer brachliegenden Frognerpark und war so überzeugt von dem Vorschlag, dass er auf eigene Kosten den Granitsteinblock für seinen Monolithen bestellte. Sein Aktionismus und seine Sturheit zahlten sich aus: 1924 wurde ihm der Standort genehmigt, Vigeland wurde mit der Ausgestaltung des Parks betraut. Seine Werke sollten nach ihrer Fertigstellung in den Besitz der Stadt übergehen, dafür bekam er gratis Kost und Logis sowie nahezu freie Hand. So schuf Vigeland mithilfe anderer Bildhauer insgesamt 214 Skulpturen aus Granit, Bronze und Eisen, wobei er die Vollendung des Projekts selber nicht mehr erlebte.

03600 Abb.: ms

Oslo entdecken
Westliche Innenstadt

Betritt man den Park durch den Haupteingang, so flaniert man zunächst an einer der größten **Rosenanlagen** Norwegens vorbei. Anschließend erreicht man eine **Brücke**, die von einigen Hauptwerken Vigelands flankiert ist. Das beliebteste Fotomotiv ist dabei zweifellos „Sinnataggen" („Der Trotzkopf"), ein ärgerlich mit dem Fuß aufstampfender kleiner Junge.

Nach der Brücke erreicht man einen **Bronzebrunnen**, der den Kreislauf des Lebens wiedergibt und eine Weiterentwicklung der von Vigeland einst für den Stortingplatz geplanten Fontäne ist. Beachtenswert sind hier die dreidimensional herausgearbeiteten Bronzeplatten am Brunnenrand. Beachtenswert ist, was laut Vigeland alles so passieren kann, wenn man seinem Nachwuchs nicht ständig hinterher rennt ...

Hinter der Wasseranlage führen Stufen hinauf zur Hauptattraktion:

▶ *Blick über den Frognerpark*

◀ *Der beeindruckende Monolith Gustav Vigelands*

> **KLEINE PAUSE**
>
> **Café, Picknick, Spielplatz**
> Direkt neben der Brücke im Park liegt das gemütliche **Freiluftcafé Frognerparken**. Hier gibt es im Sommer leichte Gerichte für rund 140 nkr, u. a. *Smørbrød* (Butterbrot) mit *Ost* (Käse) und *Norsk spekeskinke*, herzhaftem norwegischem Räucherschinken. Alternativ eignet sich der Park auch hervorragend für ein **Picknick**, denn das Betreten des Rasens ist überall erlaubt.
>
> Für Kinder lohnt ein Besuch des **größten Spielplatzes in Oslo**, der gleich links vom Haupteingang liegt. Rutschen, Schaukeln und eine riesige Kletterburg warten auf abenteuerlustige Rabauken.

Oslo entdecken
Westliche Innenstadt

dem **Monolithen**. Er besteht aus 121 in sich verwobenen menschlichen Figuren unterschiedlichen Alters und wird von 36 Menschengruppen aus Granit umgeben. Besonders eindrucksvoll sind hier das nahezu weise wirkende greise Ehepaar und die ihren Sprössling in ihrer Mitte wohl behütende Familie. Abgerundet wird die Anlage vom Lebensrad, das hinter dem Monolithen zu sehen ist.

Vigelands Figuren zeigen den Menschen in seinem ganzen Facettenreichtum, in allen Lebenslagen, mit all seinen Stärken und Schwächen. Es geht hauptsächlich um das Verhältnis zwischen den Geschlechtern und den Generationen. Die Skulpturen sind dabei so fein herausgearbeitet, dass sie sehr lebendig wirken, besonders in der Dämmerung.

> Haupteingang: Kirkeveien, Eintritt gratis, geöffnet: ganzjährig, rund im die Uhr
> Straßenbahn 12 bis Vigelandsparken, T-bane bis Majorstuen

▼ *Der Fachwerkhof Frogner Hovedgård beherbergt das Stadtmuseum*

㉙ Stadtmuseum ★ [G7]

Das Osloer Stadtmuseum ist seit 1909 im Frogner Hovedgård untergebracht, einem im südlichen Teil des Parks gelegenen **Fachwerkhof**, dessen älteste Gebäudeteile um 1750 erbaut wurden. Die Anlage war einst ein Bauernhof, diente später jedoch aufgrund ihrer schönen Lage wohlhabenden Bürgern als Sommerresidenz.

Anhand von **historischen Fotos und Modellen**, u.a. ein Modell des mittelalterlichen Oslo, wird die über 1000-jährige Stadtgeschichte vermittelt. Besonders eindrucksvoll ist die **Bildersammlung** mit zumeist im 19. Jahrhundert entstandenen Ansichten Christianias. Aus Platzgründen können nur einige der über 1000 Gemälde und 6000 Aquarelle gezeigt werden. Zusätzlich kann man historische Räumlichkeiten des Fachwerkhofs und sechs sehr unterschiedliche Küchen aus der Zeit von 1200 bis 1950 besichtigen.

> **Oslo Bymuseum**, Frognerveien 67, Tel. 23284170, www.oslomuseum.no, Eintritt frei, geöffnet: Di.–So. 11–16 Uhr
> Straßenbahn 12 bis Frogner plass

㉚ Vigeland-Museum ★ [F7]

Gegenüber dem Stadtmuseum steht das Vigeland-Museum, das nach Plänen des Architekten Lorentz Harboe Ree zwischen 1921 und 1929 als Wohnhaus und Atelier eigens für Gustav Vigeland im neoklassizistischen Stil erbaut wurde. Dass Vigeland ein Mensch war, der Platz brauchte und groß dachte, erkennt man daran, dass die für ihn und seine Frau hergerichteten Wohnräume ganze 300 m² umfassten. Er ließ diese nach eigenen Vorstellungen einrichten und plante offensichtlich schon früh, selbige auch nicht mehr zu verlassen, denn der angeschlossene Turm sollte seine eigene Grabkammer werden.

Im Erdgeschoss lagen die **Ateliers**, in denen alle Steinmetzarbeiten ausgeführt wurden. Heute sind hier viele seiner weiteren monumentalen Werke augestellt. Insgesamt umfasst das Museum **1600 Skulpturen, 400 Holzschnitte und 12.000 Zeichnungen**, u. a. auch die Entwürfe zur Anlage im Frognerpark ㉘.

› Nobels gate 32, Tel. 23493700, www.vigeland.museum.no, Eintritt: 50 nkr, erm. 25 nkr, geöffnet: Juni–Aug. Di.–So. 10–17 Uhr, ansonsten Di.–So. 12–16 Uhr.
› Straßenbahn 12 bis Frogner plass

㉛ Internationales Kinderkunstmuseum ★★ [H4]

Das ganz der von Kindern geschaffenen Kunst gewidmete Museum wurde vom Filmregisseur Rafael Goldin (1920–1994) 1986 ins Leben gerufen. Die bemerkenswerte Sammlung, die stets erweitert wird, präsentiert und bewahrt **Kunstwerke von Kindern aus über 180 Ländern** der Welt. Diese entscheiden dabei selbst, was sie malen wollen. Die Werke werden dann lediglich thematisch sortiert und geben einen Einblick in verschiedene Kulturen, gesehen mit Kinderaugen.

Jeden Mi., Do. und So. findet eine internationale **Musikstunde** mit Trommeln und Gesang statt. Im Sommer hat eine **Spielecke** für die kleinen Besucher geöffnet.

› Det Internasjonale Barnekunstmuseet, Lille Frøens vei 4, Tel. 22468573, www.barnekunst.no, Eintritt: 50 nkr, erm. 30 nkr, geöffnet: Ende Juni–Anf. Aug. Di./Mi./Do./So. 11–16 Uhr, ansonsten Di./Mi./Do. 9.30–14, So. 11–16 Uhr
› T-bane bis Frøen

Nördliche Innenstadt

㉜ Akersgata, Grensen und Trefoldighetskirken ★ [L9/10]

Von der Karl Johans gate ❶ ausgehend führt die Akersgata hinter dem Parlament ❸ einem Bergrücken folgend bergauf in Richtung des Vår Frelsers Gravlund ㉞. Da hier viele Zeitungen ihren Sitz hatten, wurde sie auch „Zeitungsstraße" genannt. Heute findet man hier jedoch nur noch die VG, Norwegens Boulevardblatt Nr. 1.

Nach 100 m kreuzt die Akersgata den Straßenzug **Grensen** (die Grenze). Diese Parallelstraße zur Karl Johans gate wurde in den letzten Jahren saniert und bietet eine gute Ladenauswahl.

Die Akersgata führt nun am 1897 gegründeten Centralteater vorbei zum **Regierungsviertel**. Dieses beginnt mit den um 1900 erbauten Gebäuden des Höchsten Gerichtshofes *(Høyesterett)* und des Finanzministeriums *(Finansdepartement)*, beide

Oslo entdecken
Nördliche Innenstadt

gegenüber dem VG-Haus gelegen. Es folgen zwischen 1958 und 1969 von Erling Viksjø (1910–1971) entworfene Häuserkolosse, deren einfallsloser, kantiger Stil nicht zu Unrecht den Namen „Neobrutalismus" trägt. Ein Teil der Gebäude wurde beim Bombenattentat im Juli 2011 (s. S. 33) zerstört. Ihre Zukunft ist weiter ungewiss.

Nachdem man das Regierungsviertel passiert hat, geht es bergauf, sowohl geografisch als auch architektonisch, denn es folgt die 1850–1858 erbaute **Trefoldighetskirke** (Dreifaltigkeitskirche). Anlässlich dieses Backsteinbaus, der den religiösen Bedarf einer rasch anwachsenden Bevölkerung decken sollte, wurde 1849 der erste Architekturwettbewerb des Landes durchgeführt. Ihn gewann Alexis de Chateauneuf (1799–1853), der eine neugotische Zentralkirche mit achteckiger Kuppel entworfen hatte. Der Sakralbau ist eine Kombination aus Kreuz- und Langkirche und besitzt einen durchaus erhabenen Innenraum. Dieser beeindruckt durch schöne Glasmalereien und eine von Adolph Tidemand 1868 gemalte Altartafel.

› geöffnet: nur Mi. 13–19 Uhr oder im Rahmen eines Gottesdienstes

Hinter der Kirche liegt das grüne Gebäude der **Deichmanske bibliotek**, die im Jahr 1785 gegründet wurde. Sie ist Norwegens größte und eine der ältesten Bibliotheken des Landes. Das hier zu erblickende Haus wurde jedoch erst 1933 fertiggestellt und wird aller Wahrscheinlichkeit nach nicht mehr lange die Bücherei beheimaten. Geplant ist ein Neubau nahe der Oper ⓳.

› geöffnet: Mo.–Fr. 10–19 Uhr, Sa. 10–16 Uhr

㉝ Kunsthandwerksmuseum ★ [L8]

Das Kunsthandwerksmuseum wurde 1876 gegründet und ist somit eines der ältesten seiner Art in Europa. Thematisch ist die Sammlung in vier Bereiche gegliedert. Neben der königlichen Trachtensammlung, modischen Strömungen des 18. bis 21. Jahrhunderts sowie Glas- und Keramikstudien werden auch kunstindustrielle Produkte aus der Zeit vom Mittelalter bis 1905 präsentiert (u. a. Vasen, Porzellan, Möbel, Gegenstände aus dem Orient). Dem schließt sich die Ausstellung „Design und Kunsthandwerk 1905–2005" an.

Höhepunkt des Museums sind die **prachtvollen Gobelins**, deren eindrucksvollster der Baldishol-Bilderteppich aus dem Jahr 1150 ist. Er wurde 1879 beim Abriss der Baldisholkirche in Ringsaker entdeckt. Wo der Teppich hergestellt wurde, ist unklar. Dargestellt sind zwei Männer, von denen einer auf einem Pferd reitet. Vermutlich war der Teppich Teil eines Bilderzyklus, der die zwölf Monate versinnbildlicht, wie die Inschriften über den Figuren vermuten lassen. Zu sehen sind demnach April und Mai.

› **Kunstindustrimuseet**, St. Olavs gate 1, Tel. 21982000, www.nasjonalmuseet.no, Eintritt 50 nkr, So. gratis, geöffnet: Di./Mi./Fr. 11–17, Do. 11–19, Sa./So. 12–16 Uhr
› Bus 33, 34, 46 bis Nordahl Bruns gate

▶ *Holzhausidylle entlang der Damstredet*

Oslo entdecken
Nördliche Innenstadt

㉞ Vår Frelsers Gravlund ★★ [L8]

Läuft man am Kunstindustriemuseum den Ullevålsveien weiter geradeaus, so gelangt man nach 150 m zum Haupteingang des parkähnlich angelegten Friedhofs „Unseres Erlösers". Er besteht seit 1808 und ist seit 1903 die **Ehrengrabstätte der Stadt**. Viele der großen Norweger fanden hier ihre letzte Ruhestätte. Es lohnt folgender Rundgang: Vom Haupteingang am Ullevålsveien läuft man geradeaus und biegt in den zweiten Weg links ein. Nach wenigen Metern ist links das Grab Ivar Aasens zu sehen. Er war einer der bedeutendsten Sprachwissenschaftler des Landes und der Begründer des Nynorsk (Neunorwegisch), der neben dem Bokmål (Buchsprache) zweiten offiziellen Schriftsprache Norwegens.

Es geht nun weiter geradeaus. Rechter Hand ist nun ein kleiner Hügel zu sehen. An dessen Ende, an einer Weggabelung auf der rechten Seite, befindet sich die Ruhestätte von **Edvard Munch**. Umrundet man von hier aus die Anhöhe, so folgen die Gräber der Maler Erik Theodor Werenskiold, Christian Krohg, Thomas Fearnley und Hans Gude. Gegenüber der Ruhestätte Werenskiolds führt ein kleiner Weg sanft bergab. Dieser führt am Grab des Nationaldichters und Verfassers der Nationalhymne, Bjørnstjerne Bjørnson, vorbei. Kurz vor dem Ende des Weges, auf der Wiese auf der rechten Seite, fand der Dichter und Dramatiker **Henrik Ibsen** Frieden.

› zwischen Ullevålsveien und Akersveien, Haupteingang am Ullevålsveien, Bus 33, 37, 46

㉟ Damstredet ★ [M8]

Vom südöstlichen Ausgang des Vår Frelsers Gravlund gelangt man zu einem sehr schönen **Holzhausviertel** an der Damstredet. Die kleinen, knuffigen Holzhäuser entlang dem 150 m

KLEINE PAUSE

Park St. Hanshaugen [L6]
Wer etwas Zeit mitbringt, kann dem Ullevålsveien am Friedhof vorbei weiter 500 m bergauf folgen. Auf diese Weise gelangt man zum Knud Knudsens plass. Dieser liegt zu Füßen des St. Hanshaugen, einem Park, der seinen Namen den Johannisfeuern verdankt, die hier abgebrannt wurden. Die Grünanlage umfasst einen kleinen See mit Enten, einen Spielplatz, ein Freiluftcafé und von seinen Anhöhen aus einen netten Blick über die Stadt. Umgeben ist der Park von schönen Gründerzeithäusern (Ullevålsveien und obere Schwensens gate) und Villen (Colletts gate).

Nördliche Innenstadt

langen Sträßchen stammen aus den Jahren 1810 bis 1860 und vermitteln einen Eindruck von der einstigen Gestalt Oslos. Leider war man in den 1960er-Jahren der Meinung, es ließe sich in seelenlosen Betonklötzen besser und moderner wohnen. Diese sind auch gleich nebenan zu sehen, wenn man dem Akersveien nach Norden in Richtung der Gamle-Aker-Kirche ❸❻ folgt.

❸❻ Gamle Aker Kirke und Telthusbakken ★ [M7]

Nordöstlich des Friedhofs Vår Frelsers Gravlund ❸❹ steht die romanische **Gamle-Aker-Kirche, das älteste Bauwerk Oslos**. Erbaut wurde die mit 28 m Länge recht kleine Kalksteinbasilika Mitte des 12. Jahrhunderts, sie gehörte bis zur Reformation einem Nonnenkloster. Nach jahrelangem Verfall wurde das Bauwerk im 19. Jahrhundert restauriert. Die Kanzel mit ihren Bärenklauranken und das Taufbecken wurden 1715 von Thomas Blix angefertigt. Insgesamt ist das Innere recht düster, höhlengleich und schlicht gehalten. Die wahren Schätze sind denn eher auch unter dem Gebäude zu finden, denn die Kirche liegt über einer Verwerfung, in der silberhaltiger Galenit abgelagert wurde. Zwischen 1050 und 1610 baute man das Silber ab. Die Gruben waren bis zu 46 m tief und lagen somit schon unter dem Meeresspiegel.

Wahrscheinlich hat in den ebenso reichhaltigen wie wertvollen Silbervorkommen auch die **Sage** ihren Ursprung, der zufolge die Kirche auf vier goldenen Säulen ruhen soll. Um diese schwimmen goldene Enten auf einem See, der wiederum einen von einem Drachen bewachten Schatz in sich birgt. Zeitweise soll schwefelhaltiger Dampf von dem schlafenden Ungeheuer aus der Höhle dringen. Die Bewohner der Gegend vermuteten zudem, dass die Grubengänge selbst von eben jenem Drachen stammen und nicht menschengemacht waren.

Neben der Kirche führt in Richtung des Stadtviertels Grünerløkka ❸❼ der **Telthusbakken** hinab ins Tal. Den Weg säumen **Oslos größte Gartensiedlung** und hübsche, zu Beginn des 19. Jahrhunderts erbaute **Holzhäuser**, die schon Edvard Munch zu einigen Aquarellen inspirierten. Munch konnte die farbenfrohen Straßenzug seinerzeit von seinem Wohnhaus am Schous plass sehen.

› östlich des Vår Frelsers Gravlund, Kirche: Mitte Mai – Mitte Sep. Di. – Fr. 12 – 16 Uhr, sonst Di., Fr. 12 – 15 Uhr
› Bus 34, 35 bis Haltestelle Telthusbakken

❸❼ Grünerløkka ★★ [N7]

Vom Telthusbakken kommend gelangt man zum **idyllischen Fluss Akerselva**, an dessen Ufer ein schöner Rad- und Wanderweg entlangführt. Der Wasserlauf trennt Oslo traditionell in die feinere *Vestkant* und die schlichtere *Østkant* und bildet von alters her eine Grundlage für die wirtschaftliche Entwicklung der Stadt. Schon im 12. Jahrhundert wurden am Akerselva-Fluss Mühlen angelegt. Eine der ersten war die Nedre-Foss-Mühle am Wasserfall unterhalb des einstigen Kornsilos (heute ein Studentenwohnheim). 1672 wurde sie vom Münzmeister Friedrich Grüner übernommen, der der angrenzenden Siedlung seinen Namen gab. Grünerløkka wurde 1858 eingemeindet und stark erweitert. Die Entwicklung ging für Osloer Verhältnisse so schnell voran, dass man dem Gebiet den humoristischen Namen „New York" ver-

Oslo entdecken
Nördliche Innenstadt

lieh. Einige wenige Holzhäuser dieser Zeit sind noch erhalten, so in der Øvre gate 2 B und der Nordregate 5. 1886 hatte Grünerløkka bereits 13.600 Einwohner und war damit ziemlich dicht bebaut. Die Nähe zum Wasser und die Anlage von Parks schafften jedoch Raum für Erholung.

Heute ist Grünerløkka ein **lebendiges Viertel mit zahllosen Cafés und Kneipen** und vielen einladenden **Gründerzeithäusern**, die in den letzten Jahren saniert und aufgewertet wurden. Das Viertel hat damit an Qualität gewonnen, gleichzeitig stiegen jedoch auch die Preise für Wohnraum. Viele alteingesessene Bewohner des Viertels, die sich die hohen Mieten nicht mehr leisten konnten, mussten daher in den letzten Jahren wegziehen.

Ein empfehlenswerter **Rundgang** durch das Viertel beginnt am Fluss Akerselva auf der Höhe der Bergverksgata [N7]. Wir folgen der Helgesens gate [N7] bis zur Kreuzung mit dem Markveien, in den wir nach links einbiegen. An der nächsten Kreuzung geht es nach rechts in die Seilduksgata [N6] und wir erreichen nach etwa 100 m den **Park Birkelunden**. Das Areal um die Grünanlage steht unter Denkmalschutz und umfasst 139 Gründerzeithäuser, die 1892 erbaute Pauluskirche und die Grünerløkka-Schule.

Ab Birkelunden geht es nun in südlicher Richtung die Thorvald Meyers gate bergab bis zum baumbestandenen **Olaf Ryes plass** [N7]. Unterwegs passiert man die Bäckerei Godt Brød (s. S. 16), in der man sich mit Biobrot und leckeren Sandwiches stärken kann. Weitere gemütliche Cafés und Pubs liegen am oberen Ende des Olav Ryes plass.

▲ *Grünerløkka - ein grüner Stadtteil mit schönen Gründerzeithäusern*

Oslo entdecken
Nördliche Innenstadt

KLEINE PAUSE

Sofienbergpark [O7]
Im Osten grenzt das Viertel Grünerløkka an den großen Sofienbergpark, eine der beliebtesten Grünanlagen der Stadt und bei gutem Wetter dementsprechend voll. Allerdings kann man wohl auch kaum anderswo die öffentliche Freizeitgestaltung der Bewohner der Stadt so hautnah erleben wie hier. Neben altem Baumbestand und weiten Rasenflächen umfasst der Park einen großen Spielplatz, die 1877 erbaute Pauluskirche und einen jüdischen Friedhof (1869 geweiht).

Wir überqueren nun den Platz diagonal und biegen in den **Markveien** [N7] ab. Dieser ist neben der Thorvald Meyers gate die **Haupteinkaufsstraße** des Viertels. Unterwegs lohnt ein kurzer Abstecher nach links in die Nordregate hinein. Diese mündet nach 150 m in den Schous plass. Dort, im Haus Ecke Nordre gate/Thorvald Meyers gate, wohnte zwischen 1882 und 1889 Edvard Munch.
Der Markveien mündet auf den Theodor Kittelsens plass, von wo aus man über eine Brücke über den Akerselva-Fluss wieder zurück ins Zentrum der Stadt gelangt.
› Straßenbahn 11, 12, 13

❸❽ DogA ★ [N8]

Das **Norwegische Zentrum für Design und Architektur** wurde 2005 in der Maschinenhalle einer ehemaligen Trafostation eröffnet. Für die Umgestaltung des Komplexes wurden dem Büro Jensen og Skodvin Arkitekter AS mehrere Preise zuteil. Ziel des Zentrums ist es, mit wechselnden Ausstellungen den Designern und Architekten des Landes eine Plattform zu bieten. Dass dies zu funktionieren scheint, zeigt sich am zunehmenden Bekanntheitsgrad norwegischer Künstler dieser Genres. Angeschlossen ist ein Museumsladen und ein gutes **Restaurant** mit modernen norwegischen Gerichten.
› Hausmanns gate 16, Tel. 23292870, www.doga.no, Eintritt frei, geöffnet: Mo., Di., Fr. 10–17, Mi., Do. 10–20, Sa., So. 12–17 Uhr

Neben dem DogA steht die **Kulturkirche Jakob**. Da vor allem Ostnorwegen recht säkular geprägt ist, wurde das Gotteshaus 1985 geschlossen und dient seit 2000 als **Bühne für anspruchsvolle Konzerte**. Angeschlossen ist die Kirkelig Kulturverksted, ein renommierter Musikverlag, der norwegische Größen wie Kari und Lars Bremnes, Knut Reiersrud, Arild Andersen und den berühmten Osloer Gospelchor unter Vertrag hat.
› www.kkv.no
› Straßenbahn 11, 12, 13, 17 bis Hausmanns gate

❸❾ Jüdisches Museum ★ [N9]

Das Jüdische Museum wurde 2008 in einer 1921 erbauten Synagoge eröffnet. Es dokumentiert die **Geschichte, Kultur und Identität der Juden in Norwegen**. Unter anderem erfährt man hier, dass die norwegische Verfassung von 1814 Juden den Zutritt zum Land noch verwehrte. Mit einer Liberalisierung des Gesetzes siedelten jedoch Mitte des 19. Jahrhunderts viele Juden nach Norwegen um und es gab ein reichhaltiges jüdisches Kulturleben in der Stadt. Dieses endete 1942 mit der Deportation und Flucht der Juden aus Oslo.
Die Ausstellung umfasst Fotos, Dokumente und Gegenstände der nor-

wegischen Juden. Abgerundet wird das Museum durch Sonderausstellungen zum jüdischen Leben. Vor dem Haus wurden die aus vielen deutschen Städten bekannten **Stolpersteine** des Künstlers Gunter Demnig in das Pflaster eingelassen. Sie sollen an die hier verhafteten und später ermordeten Juden erinnern und über deren Schicksal „stolpern" lassen.

› **Jødisk Museum,** Calmeyersgate 15, Tel. 22208400, www.jodiskmuseumoslo.no, Eintritt: 50 nkr, erm. 40 nkr, geöffnet: Di. 10–15, Do. 14–19, So. 11–16 Uhr
› Straßenbahn 11, 12, 17 bis Hausmanns gate

⓴ Youngstorget ★ [M9]

Vom Viertel Grünerløkka ㊲ in Richtung Zentrum führt die Straße **Torggata** [M/N9]. Im oberen, nördlichen Abschnitt wird diese von schlichten, zwei- bis dreigeschossigen Gründerzeithäusern gesäumt. Das Warensortiment der Läden ist recht einfach, sehr gemischt und international.

Die Torggata mündet auf den **Arbeidersamfunnets plass** [M9], dem „Platz der Arbeitergemeinschaft". Der Ort verdankt seinen Namen einem 1941 im funktionalistischen Stil eingeweihten, klobigen Kasten, der die Heimat des Oslo Arbeidersamfunn war. Diese Gesellschaft wurde 1864 als Gegenentwurf zu den linksradikalen Arbeiterbewegungen vom Soziologen Eilert Sundt gegründet. Nachdem der Verein eher dem linksliberalen Spektrum der Partei Venstre zuzuordnen war, ist er heute ein Teil der Sozialdemokratischen Norwegischen Arbeiterpartei.

Vorbei am gegenüberliegenden schwarzen Koloss der zentralen Polizeistation gelangt man auf den **Youngstorget.** Der Platz wurde einst unter dem Namen Nytorget („Neuer Markt") vom Kaufmann Jørgen Young 1846 angelegt und sollte den neuen Basar der Stadt beheimaten.

Heute spiegelt der Youngstorget, der zwischen Geschichte und Moderne, Kunst und Kommerz schwankt, wie kaum ein anderer Ort die Seele des Landes wider, in dem Stabkirchen, Trolle und Ölplattformen gleichermaßen eine Heimat haben. Zum einen ist da an der etwas erhöhten Nordflanke die alte Polizeistation aus dem Jahr 1866 mit den darunter liegenden Basarhallen, in denen sich heute ein Tapas-Restaurant und alternative Läden befinden. Flankiert wird das Ensemble vom silbergrauen Kastenbau der Gewerkschaft LO, „Folkets Hus" („Haus des Volkes") genannt, und dem Sitz der liberal-grünkonservativen Partei Venstre. Gegenüber den Basarhallen ist das wohl dominanteste Gebäude am Platz zu sehen: das **Folketeater.** Der Art-déco-Bau wurde 1935 eingeweiht. Bis 2008 befand sich hier die Osloer Oper und seit deren Umzug an den Fjord die Zentrale der norwegischen Arbeiterpartei. Angeschlossen an das Haus ist der Hauptsitz des DNT (Den Norske Turistforening), dem Wanderverband des Landes, der Interesse für die umliegenden Schönheiten der Natur wecken soll.

Den Platz selbst, auf dem am 1. Mai große Kundgebungen und ansonsten nahezu täglich ein **Markt** mit einer Mischung aus norwegischen Bauernprodukten und indonesischen Batiktüchern stattfindet, dominieren ein schöner **Brunnen** und das 1997 eingeweihte **Friedensmonument.** Es soll an den Atombombenabwurf auf Hiroshima erinnern.

› Straßenbahn 11, 12 bis Stortorvet

Östliche Innenstadt

🔴 41 Grønland ★★ [O10]

Grønland war ursprünglich der Strandbereich am Auslauf des Flusses Akerselva. Der Name „Grünes Land" verweist dabei vermutlich auf die Grasflächen am Wasser. Die ersten größeren Straßen, Grønland und Grønlandsleiret, entstanden im 17. Jahrhundert. Sie waren Verbindungswege zwischen dem alten Oslo und dem neu angelegten Christiania (s. S. 32) und entwickelten sich nach und nach zum **Sündennabel der Stadt.** Hier florierten Prostitution und finstere Gewerbe. Mit der Eingemeindung 1859 wollte man dem ein Ende bereiten. Man ließ einen Markt anlegen, den Grønlands Torg [O10], und erbaute staatlich-geistige Machtzentren wie eine große Polizei- und Feuerwache, ein Gefängnis sowie eine Kirche. Allerdings entwickelte sich das Viertel nicht wie gewünscht. Der Markt florierte zwar, doch viele Grundbesitzer waren arm und die Gebäude verfielen zunehmend. Erschwerend kam hinzu, dass relativ wohlhabende Bürger nun in den Westteil Oslos abwanderten und so den Ruf der Gegend nicht gerade verbesserten.

Einen grundlegenden Wandel erfuhr Grønland in den 1970er-Jahren, als die ersten **Gastarbeiter** nach Oslo kamen. Sie gaben diesem Viertel den Vorzug, da hier die Mieten unverändert niedrig waren. Mit dem Zuzug der Einwanderer begann auch das Interesse der Stadt an dem Viertel zu wachsen. Es wurden Pläne laut, die alten Häuser einfach abzureisen und Wohnraum in einer neu anzulegenden Wolkenkratzerstadt zu schaffen. Glücklicherweise wurde nur ein Projekt umgesetzt: das kupferfarbe-

Oslo entdecken
Östliche Innenstadt

> **KLEINE PAUSE**
>
> **Café in historischem Gemäuer**
> Einen guten Eindruck vom Grønland des 18. Jahrhunderts bekommt man im Asylet, einem 1730 erbauten Kaufmannshof, der im 19. Jahrhundert ein Kinderheim und ein Krankenhaus beherbergte. Heute befindet sich in dem Gebäude ein uriges Café mit beschaulichem, von Laubengängen umgebenem Innenhof.
> ⊃99 [O10] **Asylet**, Grønland 28, www.asylet.no, tägl. 12–24 Uhr

ne Postgirobygget am Bahnhof. Es ist 111 m hoch und trotz Verschönerungsmaßnahmen im Jahr 2006 das wohl meistgehasste Bauwerk des Landes.

Auch wenn das Ziel, ein „neues Manhattan" zu schaffen, nicht umgesetzt werden konnte, so bestand doch Handlungsbedarf. Man errichtete mehrere, nicht mehr so überdimensionierte, aber noch immer ziemlich gewaltige Wohnblöcke für sozial Schwache und baute neue Geschäftshäuser entlang der Straße Smalgangen. Diese Maßnahmen konnten zwar nicht grundlegend den maroden Charakter des Viertels ändern, aber sie bewirkten, dass sich immer mehr geschäftstüchtige Händler in Grønland niederließen, welche die Gastarbeiter mit Waren aus ihrer Heimat versorgten. So eröffneten Läden mit einem in Norwegen bislang völlig unbekannten Warenangebot, mit exotischen Gewürzen und Früchten, Teppichen und Stoffen.

◀ *Im malerischen Innenhof des Restaurant Asylet erhält man einen Eindruck davon, wie es in Grønland einst aussah*

Wer heute durch Grønland schlendert, wird noch immer dessen kulturelle Vielfalt bemerken und auf exotische Läden oder Moscheen stoßen. Doch verkommen oder marode wirkt das Viertel nicht mehr, eher **modern und zunehmend auch ein bisschen schick**. „Schuld" daran sind die stadtplanerischen Umgestaltungen des neuen Jahrtausends, die vom Viertel an der neuen Oper ㉙ ausgehen (s. S. 35). Grønland wird nach und nach mit kühnen Brückenbauten an das Gebiet am Fjord angebunden. So entsteht ein direkter Zugang zum Wasser, den bislang Gleisanlagen und mehrspurige Straßen versperrten. Viele Osloer verlieren ihre Scheu vor dem Viertel, das lange Zeit als dreckig und gefährlich verschrien war.

Die meisten Läden, vor allem preiswerte Gemüsestände, findet man entlang der Straßen Brugata [N9/10], Grønland und Smalgangen [O10/11]. Neben der Brücke Vaterlands bru, unterhalb der Reichsstraße 4, findet jeden Samstag ein großer **Gebrauchtwarenmarkt** statt.

❯ alle T-bane-Linien oder Straßenbahn 18, 19 bis Grønland

㊷ Gamlebyen ★ [P12]

Folgt man in Grønland ㊶ der Straße Grønlandsleiret [O/P10] bis zu deren Ende und weiter geradeaus der Oslo gate [R12], so gelangt man nach 800 m nach Gamlebyen – der **historischen Keimzelle der Stadt**. Laut dem isländischen Geschichtsschreiber Snorri Sturluson war es König Harald Hardråde (Harald der Harte), der hier um 1048 die ersten Häuser errichten ließ. Daher feierte man 1950 das 900-jährige Stadtjubiläum. Neueren Ausgrabungen zu Folge existierte jedoch schon um 1000 eine erste Be-

Östliche Innenstadt

siedlung, weshalb man im Jahr 2000, nur 50 Jahre später, die 1000-Jahr-Feier beging.

Der **Name** des Ortes, der noch im Mittelalter mit „Ásló" bezeichnet wurde, bedeutet dabei entsprechend der Lage in einer fruchtbaren, geschützten Senke unterhalb eines Berges entweder „Mündung des Lo-Flusses" *(Lo-elvens Os)*, „Götterebene" *(Ås-Lo)* oder „Ebene unter dem Berg" *(lo under åsen)*.

Das mittelalterliche Oslo war Marktplatz, Ausfuhrhafen für Holz und Schiffsanlegestelle für die großen Bauernhöfe der Umgebung. Unter König Olav Kyrre wurde die Siedlung gegen Ende des 11. Jahrhunderts Bischofssitz und **religiöses Zentrum Ostnorwegens.** Mit dem Bau der Festung Akershus ⓯ unter Håkon V. erreichte die Stadt ihre Blüte. König Håkon wohnte und residierte hier und machte Oslo 1299 zur Hauptstadt seines Königreichs. Die Einwohnerzahl verdoppelte sich auf rund 3500. Nachdem jedoch die Pest gegen Ende des 14. Jh. gewütet hatte und Norwegen 1380 an Dänemark gefallen war, verlor die Stadt rapide an Bedeutung. Nach einem verheerenden Großbrand 1624 wurde die Siedlung verlegt und unterhalb der Festung Akershus unter dem Namen Christiania neu gegründet, das alte Oslo war Geschichte.

Das mittelalterliche Oslo bestand aus **zwei Machtzentren**: dem königlichen Zentrum an der Flussmündung des Alnaelva und dem bischöflichen nördlich des Marktes. Im königlichen Teil lagen der Königshof *(kongsgården)* und zwei Kirchen, die Clemenskirke, das erste Gotteshaus der Stadt, um 1100 gegründet, und die Mariakirke. Das kirchliche Einzugsgebiet umfasste den Bischofssitz, die Anfang des 12. Jh. gegründete Korskirke (Kreuzkirche) und die Hallvardskathedrale, den ersten Dom der Stadt. Letzterer muss stattliche Ausmaße gehabt haben und war in jedem Fall imposanter als seine Nachfolgerbauten.

Vom alten Oslo ist heutzutage **leider nicht mehr viel erhalten.** Über Jahrhunderte hinweg war das Viertel, das sich heute Gamlebyen („Altstadt") nennt, vollends in Vergessenheit geraten. Mit dem Bau der Eisenbahn verschwanden weite Teile unter Gleisanlagen. Später zirkelte man noch die Autobahn E18 durch das Gebiet – Oslos Geschichte schien unter Asphalt zu versinken. Seit dem Jahr 2000 wird nun erfreulicherweise kontinuierlich an einer **Wiederbelebung Alt-Oslos** gearbeitet. So wurde 2010 ein neuer Senktunnel eröffnet, der eine Öffnung des Areals zum Fjord hin ermöglicht. Geplant sind weiterhin die Anlage eines neuen Stadtviertels direkt am Fjord und eine Anbindung Gamlebyens an die neue, in Sichtweite liegende Oper ⓳.

Oslo entdecken
Östliche Innenstadt

Kommt man von Norden über die Oslo gate, so erreicht man zunächst den bischöflichen Teil der mittelalterlichen Stadt. Zu sehen ist linker Hand der **Minnepark** mit den Überresten der **Kreuzkirche** und des **Domes St. Hallvard**. Ein Teil der Anlage ist auch der Bispegård, der Wohnsitz des Osloer Bischofs (Eingang Egedes gate), der in den Jahren 1883–84 auf den Grundmauern des Olavsklosters erbaut wurde.

Gegenüber dem Minnepark liegt der **Ladegård**, ein schönes Palais mit barocken Festsälen, das auf den Überresten der bischöflichen Burg in den 1720er-Jahren erbaut wurde. Das Haus umgibt ein einladender, öffentlich zugänglicher Barockgarten.

❯ Eintritt: 40 nkr, Führungen im Sommer So. um 14 Uhr

Folgt man nun weiter der Oslo gate und biegt vor der Eisenbahnbrücke nach rechts ab, so gelangt man, vorbei an den Ruinen der **Clemenskirke**, zum **Middelalderpark**. Dieser umfasst die zugegeben etwas spärlichen **Überreste des Königshofes** und der **Mariakirke**. Die Grünanlage eignet sich hervorragend für ein Picknick. Achtung: Das Wasser des kleinen Sees am Middelalderpark, dessen Ufer die mittelalterliche Küstenlinie nachzeichnet, ist nicht zum Baden geeignet!

❯ Straßenbahn 18, 19 bis St. Halvards plass

❹❸ Ekeberg ★ [P13]

Südöstlich des Zentrums, direkt oberhalb von Gamlebyen, liegt das 120 m hohe Plateau des Ekebergs, das viele Wärme liebende Pflanzen beheimatet. Der Ekeberg ist ein **beliebtes Ausflugsgebiet** und von jeher auch bei Künstlern sehr geschätzt. Es ist geplant, den Ekeberg mit einer Seil-

▼ *Blick vom Ekeberg auf Gamlebyen* ❹❷ *(unten rechts) und die Oper* ❶❾ *(Mitte links)*

Östliche Innenstadt

bahn an das neue Stadtviertel am Fjord anzubinden und auf dem Bergplateau einen großen Park mit Skulpturen anzulegen.

Vom Kreisverkehr, an dem die Oslo gate in den Kongsveien mündet [P13], führt neben dem Gebäude des Viking-Autoservice der Kunstnerstien 400 m hinauf zur Kehre des **Valhallveien** [P13] (nach 300 m nach rechts abbiegen). Von hier hat man einen **herrlichen Blick über die Stadt**, der Munch einst zu seiner berühmten Gemälde-Serie „Der Schrei" inspirierte.

Auch vom **Kongsveien** [O13] bieten sich schöne Ausblicke über die norwegische Hauptstadt, speziell über die Baustellen des neuen Hafenviertels rund um die Oper ⓳. Folgt man der Straße und den Schienen der Straßenbahnlinien 18 und 19 ab dem o. g. Kreisverkehr etwa 800 m weit, so gelangt man zum markanten Gebäude der 1917 erbauten **Sjømannskole** (Seemannsschule). Neben dieser, am oberen Karlsborgveien, sind bis zu 5000 Jahre alte Felszeichnungen zu entdecken.

Gegenüber der Seemannsschule führt ein 250 m langer Weg zum **Ekebergrestauranten** (s. S. 18) hinauf. Das in seiner klaren Formensprache beeindruckende Haus wurde 1929 im funktionalistischen Stil erbaut und beheimatet heute ein empfehlenswertes Restaurant. Von der restauranteigenen Terrasse aus bietet sich ein erstklassiger Blick über den Oslofjord.

› Straßenbahn 18, 19 bis Sjømannskole

㊹ Munch-Museum ★★★ [Q9]

Edvard Munch (1863–1944) gilt als Wegbereiter des Expressionismus und ist einer der bedeutendsten Maler der Moderne. Das Museum zeigt seine wichtigsten Werke und ist für Kunstliebhaber ein absolutes Muss.

Das Museum zeigt in chronologischer Reihenfolge die **wichtigsten Gemälde Munchs**, darunter „Angst", „Das kranke Kind" („Det syke barn") und „Der Schrei" („Skrik"). Dass Munch trotz aller Rückschläge die Kraft hatte, sinnliche Bilder zu malen, beeindruckt umso mehr. Zu nennen sind hier vor allem „Madonna" und „Mädchen am Wasser" („Ung kvinne på stranden").

Neben den Gemälden überzeugen **thematische Ausstellungen** zu Munchs weniger bekannten Landschaftsmalerei, Grafik und Fotokunst statt. Ein **Café** und ein reichhaltiger

---

KURZ & KNAPP

Einbruch bei Munch

Am 22. August 2004 entwendeten maskierte Täter bei einem bewaffneten Raubüberfall am helllichten Tag Munchs weltberühmte Gemälde „Der Schrei" und „Madonna" aus dem Museum. Wegen des großen Bekanntheitsgrades galten die Bilder auf dem Schwarzmarkt als unverkäuflich. Wie sich herausstellte, stand der Diebstahl in Verbindung mit dem Prozess gegen den Schwerverbrecher David Toska, der wegen eines Überfalls auf einen Geldtransport und Polizistenmords angeklagt war. Die Bilder sollten im Tausch gegen Straferlass zurückgegeben werden. Am 31. August 2006 konnte die norwegische Polizei die beiden Munch-Gemälde bei einer Razzia sicherstellen. Glücklicherweise konnten die Gemälde fast zur Gänze restauriert werden, wobei Farbabsplitterungen und ein später zugefügter Schlitz am „Schrei" jedoch nicht mehr auszubessern sind.

Östliche Innenstadt

Edvard Munch

Munch wurde in Løten bei Hamar geboren, wuchs jedoch in Christiania (Oslo) in einem kulturell aufgeschlossenen Haushalt auf. **Schwere Schicksalsschläge** prägten weite Strecken seines Lebens. So starb, als er fünf Jahre alt war, seine Mutter an Tuberkulose. Seine ältere Schwester Sophie erlag ebenfalls der Schwindsucht und auch sein Bruder verstarb kurz nach dessen Hochzeit. Seine jüngere Schwester Laura litt an Depressionen, er selbst war **manisch-depressiv**.

Vor diesem Hintergrund ist Munchs Werk und seine Suche nach **neuen Ausdrucksformen** zu verstehen. Mit dem 1885 entstandenen Bild „Das kranke Bild" suchte er den Tod Sophies zu verarbeiten und brach hierzu mit dem bislang vorherrschenden Realismus. Den neuen Stil entwickelte er weiter. Zwischen 1892 und 1910 malte er mehrere Versionen eines seiner wegweisendsten Werke: „Der Schrei". Das Gemälde ist eines der weltweit bekanntesten und wahrscheinlich das erste rein expressionistische Bild überhaupt. Munchs **Expressionismus** legt Wert auf die Verwendung von ungemischten Farben und holzschnittartigen Formen, auf eine Motivreduzierung aufs Wesentliche und auf die Auflösung der traditionellen Perspektive. Sein Stil steht damit im absoluten Gegensatz zum Naturalismus.

Munchs Werke waren zunächst nicht wohl gelitten. Eine am 5. November 1892 in Berlin eröffnete Ausstellung wurde als eine anarchistische Provokation aufgefasst und musste nach nur sieben Tagen wieder geschlossen werden. Da er dadurch jedoch über Nacht bekannt wurde, entschloss er sich, in Deutschland zu bleiben. Hier wie auch später in Paris schloss er sich verschiedenen Künstlerkreisen an.

Um die Jahrhundertwende wuchs Munchs Ruhm und mit ihm auch seine Probleme. Er war **dem Alkohol verfallen,** litt unter manisch-depressiven Schüben und einer unglücklichen Liebe. Zwischen 1902 und 1908 hielt sich Munch zumeist in Deutschland auf. Malaufträge führten ihn mehrfach nach Berlin, Lübeck, Weimar und Chemnitz. Von 1909 bis zu seinem Lebensende lebte er in Norwegen, zunächst in der Küstenstadt Kragerø, später in Christiania (Oslo).

Museumsshop runden das Museum ab. Bis 2013/2014 soll neben der Oper ⓳ ein neues Munch-Museum entstehen.
› Tøyengata 53, www.munch.museum.no, Tel. 23493500, Eintritt: 95 nkr, erm. 50 nkr, geöffnet: 1.6.–31.8. tägl. 10–18 Uhr, sonst Di., Mi u.Fr. 10–16, Do. 10–20 Uhr, Sa./So. 10–17 Uhr
› T-bane bis Tøyen, am Ausgang links halten und der Ringgata bis zum Ende folgen (250 m)

㊺ Botanischer Garten und Naturhistorische Museen ★   [P8]

Der Botanische Garten wurde 1814 im Park des 1619 erbauten Tøyen-Hofes angelegt, in dem heute ein schönes Café untergebracht ist. Das Wort *Tøyen*, das auch dem umliegenden Stadtteil seinen Namen gab, geht auf das altnordische *Todvin* zurück, was in etwa „gedüngter Boden" be-

Durch die Viertel Lille Tøyen, Kampen und Vålerenga

Das Stadtviertel Tøyen, in dessen oberen Teil das Munch-Museum 44 liegt, wird in Richtung Osten vom Ring 2 (Kjølberggata, Finnmarkgata) begrenzt. Direkt östlich angrenzend an diese Hauptverkehrsstraße liegen drei Stadtviertel, die einen Besuch für all jene Reisende lohnen, die etwas Zeit mitbringen und Oslos Kontraste kennenlernen wollen.

Der **Rundgang** beginnt an der T-bane-Station „Tøyen". Direkt gegenüber dieser liegt Tøyen sentrum, ein Viertel mit wuchtigen backsteinverkleideten Blöcken und dem Charme eines sozialistischen Neubauviertels. Der Rundgang geht jedoch zuerst in die Gegenrichtung zum Munch-Museum. Oberhalb des Museums ist eine Grünanlage zu sehen, die man bergauf in direkter, gerader Linie quert und so zum Hovinveien [R8] gelangt. Dieser führt unter der Bahnlinie hindurch zum auf der linken Seite liegenden Viertel **Lille Tøyen**. Die **idyllisch angelegte Gartenstadt** („hageby") wurde 1917–1922 nach dem englischen Vorbild der „garden cities" erbaut. Nachdem zuvor meist seelenlose Mietskasernen entstanden waren, versuchte man mit diesem neuen Modell, der arbeitenden Bevölkerung preiswerten und schönen Wohnraum zu bieten.

Es geht nun den Hovinveien zurück bis zum Økernveien [Q9], dem man bergab bis zum auf der linken Seite gelegenen **Kampen Park** folgt. Diesen durchquert man und gelangt so nach **Kampen**. Hier geht es die Bøgata [R9/10] hinab zur Kampen-Kirche, in das Herz des **ehemaligen Arbeiterviertels**. Kampen wirkt ein wenig verschlafen und ist alles andere als „in". Es gibt viele hübsche Holzhäuser aus der zweiten Hälfte des 19. Jahrhunderts und im Nordteil als scharfen Kontrast so manches Relikt des sozialen Wohnungsbaus der 1980er-Jahre.

Charmant hingegen ist die **Normannsgata** [Q11], der man 300 m bergab bis zum Kreisverkehr folgt. An selbigem geht es nach links, an der Hauptstraße entlang, bis zum Strømsveien [R11], in den man anschließend nach links einbiegt. Bei der nächsten Gelegenheit, an einem gelben Eckhaus, geht es nach rechts in den Enebakkveien hinein und nach wenigen Metern nach links in die Vålerenggata [R]. Hier befindet man sich jetzt im Viertel **Vålerenga**.

◀ *Kleinstädtische Atmosphäre im Viertel Kampen*

Östliche Innenstadt

Das Quartier wurde ab 1855 angelegt, in direkter Nachbarschaft zum **Hof Vålerenga Hovedgård** *(Islands gate)*, dessen älteste Teile aus dem 18. Jahrhundert stammen. Er steht neben einer schönen Specksteinkirche mit asymetrischem Turm. Umgeben sind diese zwei Gebäude von einem kleinen Park und **hübschen, farbenfrohen Holzhäusern**, welche nicht ohne Grund an das ländliche Norwegen erinnern. Erbaut wurden die meisten von ihnen von zugezogenen Handwerkern, die in der Stadt ihre Dienste anbieten wollten. Später siedelten sich hier vor allem Industriearbeiter an.

Die schönsten der winzigen Häuschen sind im oberen Teil Vålerengas zu finden, entlang der Danmarksgate [S11] und in der Vålerenggata östlich der Ingeborgs gate. Der das Viertel begrenzende Strømsveien [R11] zeigt sich ebenfalls östlich der Ingeborgs gate von seiner besten Seite, mit architektonisch ansprechenden Holzhäusern jüngeren Datums.

Norwegenweit bekannt geworden ist Vålerenga durch seinen gleichnamigen, 1898 gegründeten **Fußballklub**, der heutzutage der beste und beliebteste der Stadt ist. Interessanterweise konnte sich dieser einem Arbeiterviertel entsprungene Traditionsverein gegen seinen großen Rivalen, den zwei Jahre früher im wohlhabenden Westteil ins Leben gerufenen Klub Lyn Oslo, durchsetzen. Lyn musste, nachdem potente Geldgeber ihren Rückzug erklärten, hingegen Konkurs anmelden.

› *T-bane bis Tøyen oder Lille Tøyen und Kampen: Bus 60 ab Hbf. bis Hasle bzw. Kampen Kirke, Vålerenga: Bus 67 ab Tøyen bis Galgeberg*

deutet. Die schön gestaltete Anlage umfasst **rund 7500 Pflanzenarten**, beherbergt etwa 45.000 Pflanzen insgesamt und gliedert sich in ein Arboretum, einen systematischen Garten, einen Gebirgsgarten *(fjellhage)*, einen Kräutergarten *(urtehage)*, eine Anlage mit Gewächsen aus Urgroßmutters Zeiten *(oldemorshage)* und einen Duftgarten *(dufthage)*. Hinzu kommen das Palmen- und das Victoriahaus, zwei schöne **historische Gewächshäuser**. Alle Anlagen sind an den Eingängen ausgeschildert.

Im nördlichen Teil des Parks liegen das **Zoologische (Zoologisk) und das Geologische (Geologisk) Museum.** Beide Museen wirken in Teilen zwar etwas antiquiert, sind aber absolut sehenswert und überraschen mit **erstaunlichen Exponaten**. So kann man hier neben dem Abguss eines Tyrannosaurus Rex auch „Ida" treffen, das älteste jemals gefundene Affenskelett. Man lernt viel über Dinosaurier, Fossilien, Mineralien und die Geologie des Landes. Zudem begegnet man einigem ausgestopften Getier in seiner „natürlichen" Umgebung.

▲ *Gewächshäuser im Botanischen Garten*

› Monrads gate, Tøyengata, www.nhm.uio.no, Tel. 22851700, Eintritt: Botanischer Garten gratis, Museen 50 nkr, erm. 25 nkr, geöffnet: Botanischer Garten 15.3.–30.9. Mo.–Fr. 7–21 Uhr, Sa./So. 10–21 Uhr, sonst tgl. 10–17 Uhr, Museen und Gewächshäuser Di.–So. 11–16 Uhr
› T-bane bis Tøyen, am Ausgang links halten, der Ringgata bis zum Ende folgen und das Munch-Museum umrunden (350 m)

Entdeckungen außerhalb der Innenstadt

Auch außerhalb des Osloer Zentrums gibt es einiges zu entdecken, so z. B. in westlicher Richtung die weltbekannte Schanzenanlage des Holmenkollen und das Henie Onstad Kunstzentrum, nördlich der Innenstadt den See Sognsvann und das Technische Museum.

46 Emanuel Vigeland Museum ★★ [E1]

Emanuel Vigeland (1875–1948) stand Zeit seines Lebens im Schatten seines älteren Bruders Gustav, war jedoch ein nicht minder begabter Künstler. Er schuf viele **beeindruckende Glasmalereien** für diverse Kirchen in Ostnorwegen, u. a. die Osloer Domkirche ❷. Als sein Meisterwerk gilt jedoch das hier zu besichtigende Gebäude, das ursprünglich als Ausstellungshalle für seine Werke dienen sollte. Mit der Zeit gestaltete er es jedoch zu seinem eigenen **Mausoleum** um. Die Inspiration für den 1925 begonnenen Bau fand er dabei im von ihm so geliebten Südeuropa, bei den antiken Grabkammern. Das Mausoleum erhielt dementsprechend einen italienischen Namen: „Tomba Emmanuelle" („Emanuels Grab").

Betritt man das Mausoleum, so erwartet den Besucher eine schummrig beleuchtete **Grabhalle mit phänomenaler Akustik und überwältigenden Fresken.** Diese tragen den Namen „Vita" („Leben") und erstrecken sich über 800 m². Die teils stark erotisierte, in sich verwobene Szenerie beschreibt den Gang des Menschen von der Geburt bis zum Tod. In einem poetischen Text zur Ausgestaltung schrieb Vigeland: „Gott hat die Macht in seiner Schöpferhand und der Wille des Mannes und der Frau stirbt und Leben wird geschaffen./Was in diesem Sinne blindem Rausch geschaffen wird, weiß keiner von den beiden; sie sind nur Sklaven des Geschlechts und Diener vor Gott." Er sieht die Menschheit also als Sklaven ihres eigenen Fortpflanzungstriebs. Gleichzeitig folgt das Leben dem über dem Eingang zu lesenden Motto: Alles, was Gott geschaffen hat, ist rein.

› Grimelundsveien 8, Tel. 22145788, www.emanuelvigeland.museum.no, Eintritt: 40 nkr, geöffnet: 15.5.–15.9. So. 12–17 Uhr, ansonsten So. 12–16 Uhr
› T-bane 1 bis Slemdal, an der Haltestelle Richtung Einkaufszentrum laufen und dieses entgegen dem Uhrzeigersinn umrunden (Stasjonsveien). Hinter dem Einkaufszentrum, an der Sporthalle (Slemdal Sport), in den Frognerseterveien einbiegen. Nach 150 m an einer Weggabelung rechts dem schmalen Grimelundsveien bis zum Museum folgen.

▶ *Die moderne Holmenkollen-Schanze reckt sich 60 m weit in den Himmel*

Oslo entdecken
Entdeckungen außerhalb der Innenstadt

47 Holmenkollen und Skimuseum ★★★ [Karte S. 142]

Der Holmenkollen, benannt nach Dr. Holm, der hier ein Sanatorium unterhielt, ist die älteste noch bestehende Skisprunganlage der Welt und ein Mekka für alle Fans dieser Sportart. Doch auch wer sich nicht für Wintersport interessiert, sollte dem Ort einen Besuch abstatten, und sei es nur, um den gigantischen Bau zu bestaunen und den spektakulären Blick vom Schanzenturm zu genießen.

Die Tradition, sich Bretter unter die Füße zu schnallen, um auf Schnee besser voranzukommen, reicht in Europa vermutlich bis auf das Ende der letzten Eiszeit zurück. In Norwegen selbst können Skier als Fortbewegungsmittel bis auf das Jahr 2000 vor Christus zurückdatiert werden, eine alte Felszeichnung auf der Insel Rødøy im Norden des Landes liefert hierfür den Beweis. Später schnallten sich die Wikinger auf Winterwanderungen lange Bretter unter, wovon die Geschichte der königstreuen Birkebeiner zeugt, die anno 1206 den Königssohn Håkon Håkonsson vor seinen Häschern retteten und auf Skiern über das Gebirge von Lillehammer nach Rena flüchteten.

Das Wort „Ski" stammt aus dem Norwegischen und leitet sich vom altnordischen *skíð* ab, was mit „Scheid" (gespaltenes Holz) übersetzt werden kann. Der Begriff kam im 19. Jahrhundert auf, zu einer Zeit, da der Norweger **Sondre Norheim** (1825–1897) den Skilauf revolutionierte. Er gilt als Erfinder der Seilzug-Skibindung und des nach seiner Heimat benannten Telemark-Laufstils. Wie gut seine Neuentwicklungen waren, zeigte sich 1868 beim ersten landesweit ausgetragenen Skiwettbewerb Norwegens, bei dem er im Alter von 42 Jahren seine Konkurrenz in den Schatten stellte. Doch nicht nur seine Schwungtechnik, der Slalom, abgeleitet von *slå lom* („Kurven schlagen"), war

Oslo entdecken
Entdeckungen außerhalb der Innenstadt

einzigartig, auch sein Sprungvermögen war enorm. Es heißt, er sei ganze 30,5 m weit geflogen, für damalige Verhältnisse ein riesiger Satz.

Der erste Hang, an dem Skisprungwettbewerbe ausgetragen wurden, war der **Husebybakken**. 1879 fand hier der erste Wettkampf statt, für den König Oscar II. einen Pokal stiftete und sogar selbst zugegen war. Ab 1891 musste wegen Schneemangels ein anderer Hang gefunden werden und so kam es ein Jahr später zur **Einweihung des Holmenkollen**. Am 31. Januar 1892 fand hier das erste Springen statt, Arne Ustvedt stell-

EXTRATIPP

Speisen mit Traumblick

Folgt man ab der Holmenkollenkapelle dem Holmenkollveien knapp 1,5 km weiter bergauf, so gelangt man nach Frognerseteren, wo sich auch die Endhaltestelle der T-bane-Linie 1 befindet. Frognerseteren ist ein 1867 **im nationalromantischen Drachenstil erbautes Holzhaus**, dass ursprünglich Teil des Frogner-Hofes (s. S. 78) war und 1889 hierher verlegt wurde. Seit 1891 beherbergt es ein Restaurant. Bei gutem Wetter lässt es sich auf der Terrasse mit Blick über Oslo herrlich verweilen. Innen gibt sich das Gebäude mit seinem Kamin, den dicken Rundhölzern, den Elchgeweih-Leuchtern und dem schummrigen Licht sehr urig und einladend. Das Restaurant bietet hochwertige norwegische Traditionsgerichte wie Hirsch *(hjort)*, Kalb *(kalv)* oder Perlhuhn *(perlehøne)* für rund 300 nkr, die Cafeteria hingegen Tagesgerichte *(dagens rett)* wie z. B. Fleißklößchen *(kjøttboller)* für etwa 125 nkr. Zudem gibt es leckeren Kuchen *(kake)* und belegte Brote *(smørbrød)*.

100 Frognerseteren, Holmenkollveien, www.frognerseteren.no, Tel. 22924040, geöffnet: Restaurant Mo.–Fr. 12–22, Sa. 13–22, So. 13–21 Uhr, Café Mo.–Sa. 11–22, So. bis 21 Uhr

An der T-bane-Station und am unterhalb des Hauses liegenden Parkplatz beginnen **schöne Wanderwege** in das unberührte Waldgebiet der Nordmarka.

Oslo entdecken
Entdeckungen außerhalb der Innenstadt

te mit 21,5 Metern den ersten Schanzenrekord auf. Der „Kollen", wie er umgangssprachlich genannt wird, wurde **mehrmals umgebaut** und den sich stets verändernden Anforderungen angepasst. Dies geschah 1952, anlässlich der Olympischen Winterspiele in Oslo, und zuletzt 2009/2010 in Vorbereitung der Nordischen Skiweltmeisterschaft 2011. Die Schanze wurde im Zuge der letzten Umgestaltung der Anlage enorm vergrößert. Der kritische Punkt liegt nun bei 134 m und es können bis zu 30.000 Zuschauer dem Spektakel beiwohnen. Alljährlich im März finden die Holmenkollen-Skifestspiele statt. Die Langlauf-, Biathlon- und Skisprungwettbewerbe stellen den Höhepunkt der Nordischen Weltcupsaison dar.

Den Holmenkollen erreicht man am besten mit der T-bane-Linie 1. Die Fahrt geht den Berg hinauf durch einige der teuersten Wohnviertel der Stadt. Immer wieder öffnet sich der Blick hinab in Richtung Fjord. An der neu gestalteten Haltestelle „Holmenkollen" steigt man aus und läuft dann noch etwa 500 m bergauf bis zur auf 371 m über dem Meer gelegenen Anlage. Die sich wie ein Vorhang öffnende Schanze wurde mit Windschutzwänden versehen und weist einen **60 m hohen Schanzenturm** auf. Dieser kann besucht werden (oft Wartezeiten) und bietet einen einmaligen Blick über Oslo und das Umland. Zu erreichen ist die **Aussichtsplattform** über das **Skimuseum**, das älteste seiner Art auf der Welt. Dieses schildert anschaulich die Geschichte des Skilaufs in Norwegen und die Entwicklung des „Kollen". Ausgestellt sind u. a. Skier verschiedener Bauweisen, von alt bis hypermodern, sowie Expeditionsgegenstände von Amundsen und Nansen.

Unweit der Schanze liegt die **Holmenkollenkapelle**. Der erste Bau an dieser Stelle wurde 1903 errichtet, brannte jedoch nach Brandstiftung 1992 ab. Die neue Kirche konnte 1996 geweiht werden und erinnert an norwegische Stabkirchen. Die königliche Familie feiert hier traditionell ihren Weihnachtsgottesdienst. Überhaupt hat das Königshaus eine enge Bindung zum Wintersport. So gibt es an der Anlage eine eigene Königsloge, wo der Regent den Siegern der Wettbewerbe persönlich gratuliert, und eine Statue von König Olav V., der einst sogar selbst am Holmenkollen-Skispringen teilnahm.

Ebenfalls zu sehen ist der **Kollen-Troll** auf dem Gratishaugen, jenem Hügel, von wo aus die Skifestspiele früher kostenlos zu beobachten waren. Der Troll wurde 2002 vom Künstler Nils Aas geschaffen.

› Kongeveien 5, Tel. 22923200, www.holmenkollen.com, Eintritt: Museum und Turm 110 nkr, erm. 55 nkr, Gelände gratis, Juni–Aug. 9–20 Uhr, Mai/Sept. 10–17 Uhr, sonst 10–16 Uhr, Gelände rund um die Uhr geöffnet
› T-bane 1 bis Holmenkollen

㊽ Bogstad Gård ★ [Karte S. 142]

Das Gut Bogstad Gård liegt am Ostufer des idyllischen **Bogstad-Sees** unterhalb des Holmenkollen ㊼, von dem aus der See auch schön zu sehen ist. Bogstad wurde im 14. Jahrhundert als klösterlicher Bauernhof angelegt, kam jedoch 1649 in private Hände und wurde unter den Jarlsberg-Grafen **zu einem der größten Güter des Landes ausgebaut**. Zum Gut gehörten neben den Gebäuden auch große Waldgebiete, ein Säge- und ein Eisenwerk. Das schicke und

Entdeckungen außerhalb der Innenstadt

im Innern für norwegische Verhältnisse auch recht mondäne Zentralgebäude selbst wurde 1772 bis 1792 errichtet. Das **Interieur** des 18. Jahrhunderts wie Möbel, Gemälde und Porzellan ist **nahezu komplett erhalten**. Sehenswert sind u. a. das Rote und das Blaue Kabinett, der Festsaal, das Esszimmer und die Küche.

Das Haus ist umgeben von einem kleinen, aber schönen **Landschaftspark**. Unweit entfernt liegt zudem eine Badestelle. Auf dem Gut finden viele **Veranstaltungen für Kinder** statt, zudem locken ein Bauernhof und Spielmöglichkeiten. Zum Verweilen lädt innerhalb der Öffnungszeiten des Museums das schöne **Café Grevinnen** (die Gräfin) ein.

› Sørkedalen 826, Tel. 22065200, www.bogstad.no, Eintritt: 95 nkr, geöffnet: Mai-Sep. Di.-Sa. 12-16 Uhr, Führungen 13 und 14 Uhr, So. 12-17 Uhr, Führungen 12.30, 13.30, 14.30 und 15.30 Uhr

› T-bane 2 in westlicher Richtung bis Røa, ab hier Bus 41 Richtung Sørkedalen

▲ *Gut Bogstad liegt idyllisch am gleichnamigen See*

49 Bærums Verk ★ [Karte S. 142]

Nachdem in den Jahren 1603/1604 zu Füßen des Kolsås-Berges größere Eisenerzfunde gemacht worden waren, beschloss König Christian IV. die Anlage einer Schmelzhütte. 1824 übernahmen die Jarlsberg-Grafen die Anlage und betrieben diese bis 1874 weiter. Danach baute man das sich an einem Energie liefernden Wasserfall liegende Bærums Verk zu einer **Eisengießerei mit mechanischer Werkstatt** um. Der Betrieb wurde 1964 entgültig stillgelegt.

Große Teile der Anlage sind heute noch erhalten, so u. a. das Hauptgebäude von 1764, die winzigen Arbeiterwohnungen aus dem 18. Jh., das alte Gasthaus (*Værtshuset*) von 1640 und das Schulgebäude vom Beginn des 20. Jh. Ebenfalls zu sehen ist das Haus der Verwalter, der *Bærums Verk hovedgård* von 1848, heute Wohnsitz des derzeitigen Besitzers Carl Otto Løvenskiold. In den 1980er- und 1990er-Jahren wurde das Gelände mit seinen schmucken Holzhäusern und historischen Industriegebäuden saniert und zu einem **Handels- und Künstlerzentrum** umgebaut.

Oslo entdecken
Entdeckungen außerhalb der Innenstadt

Bærums Verk gliedert sich in drei Teile. Der **obere Abschnitt** liegt jenseits des Wasserfalls. Er umfasst **kleine rote Holzhäuser** entlang dem Fluss und der Fußgängerzone Elvegangen. Hier gibt es einen Lebensmittelladen, ein Gasthaus (Annas Mat & Vinhus, tägl. 16–23 Uhr) mit Pasta und Tapas und einen täglich geöffneten Bäcker. Etwas weiter flussaufwärts, an der Brücke, liegt das historische Gasthaus „Værtshuset Bærums Verk" (Mo.–Fr. 12–22 Uhr, Sa./So. ab 14 Uhr). Das sehr schmackhafte Essen ist jedoch nicht gerade preiswert.

Der zweite Teil der Anlage liegt am gegenüberliegenden Ufer und besteht aus den zu einem Einkaufszentrum umgebauten **alten Industriegebäuden**. Hier befindet sich auch das **Ofenmuseum** *(Ovnsmuseet),* wo einige der hier bis 1964 produzierten Öfen ausgestellt sind.

Unterhalb der Industriegebäude schließt sich als dritter Abschnitt die Verksgata an, die wiederum von beschaulichen Holzhäusern gesäumt wird. Hier findet man u. a. den Laden der „Kleinen Schokoladefabrik" („Den Lille Sjokoladefabrikken"), das Pfannkuchenhaus (Pannekakehuset), eine Galerie und diverse Handwerksläden. Ergänzt wird das Ensemble durch einen **Skulpturenpark** mit Werken bekannter norwegischer und dänischer Bildhauer.

› Vertshusveien 4, Bærums Verk, Tel. 67132731, www.baerumsverk.no, Eintritt Museum: 30 nkr, geöffnet: Museum 15.6.–15.8. tägl. 12–16 Uhr, ansonsten Sa./So. 12–16 Uhr, Handwerksläden Di.–Fr. 10–17, Sa. 10–16, So. 12–16 Uhr, Einkaufszentrum Mo.–Fr. 10–20 Uhr (im Juli bis 18 Uhr), Sa. 10–18 Uhr
› Bus 143 (Richtung Gullhaug) ab Oslo Busbahnhof bis Haltestelle Triangelen (ca. 50 Minuten)

㊿ Henie Onstad Kunstsenter ★★ [Karte S. 142]

Die Kernsammlung des Museums wurde vom Reeder Niels Onstad (1909–1978) und seiner Frau Sonja Henie (1912–1969), dem norwegischen Eiskunstlaufstar der 1930er-Jahre, zusammengetragen. Die 110 Bilder inklusive Geld für ein Gebäude wurden 1961 in eine Stiftung überführt. Ein Jahr später lobte man einen Wettbewerb für einen Museumsneubau aus, den die norwegischen Architekten Jon Eikvar und Sven Erik Engebretsen gewannen. Ihr 1968 eingeweihtes Haus überzeugt äußerlich durch seine klare Formensprache, die Symbiose aus kantigen wie geschwungenen Elementen und die idyllische Lage am Fjord.

Das Museum umfasst neben der Sammlung von Henie und Onstad noch sechs weitere Kollektionen. Es werden **Werke der Zeit ab 1945** ausgestellt, deren Qualität durchaus sehr beachtlich ist. Zu sehen sind u. a. Bilder von Pablo Picasso, Henri Matisse, Sergio Camargo, Max Ernst, Jakob Weidemann, Hundertwasser, Joan Miró, Christo, Paul Klee und Ives Klein. Im angeschlossenen **Skulpturenpark** sind Plastiken von z. B. Henry Moore, Per Kirkeby und Tony Cragg zu bewundern.

› Sonja Henies vei 31, Høvikodden, in der im Westen an Oslo grenzenden Kommune Bærum, direkt an der E 18, 12 km ab Oslo Zentrum, Tel. 67844880, www.hok.no, Eintritt: 80 nkr, erm. 60 nkr, Di.–Fr. 11–19, Sa./So. 11–17 Uhr
› Bus 151 ab Oslo Busbahnhof bis Høvikodden (26 Min.) oder Vorortzug ab Hbf. bis Sandvika (17 Minuten) und dann mit dem Bus 151 (Richtung Oslo Bussterminal) innerhalb von drei Minuten zum Kunstzentrum

Entdeckungen außerhalb der Innenstadt

51 Sognsvann und Nordmarka ★★ [Karte S. 142]

Oslo ist eine sehr grüne Stadt und **von großen Waldgebieten umgeben**, die insgesamt stolze 1700 km² umfassen. Diese dürfen nicht bebaut werden, stehen unter Landschaftsschutz und sind somit in weiten Teilen recht **wild und ursprünglich.**

Das größte Areal umfasst die direkt im Norden der Stadt angrenzende, 430 km² große Nordmarka. Zu ihr gelangt man mit der T-bane 1 in Richtung Holmenkollen und Frognerseteren bzw. mit der T-bane 3, die am 180 m über dem Meer liegenden **See Sognsvann** endet. Der 0,4 km² große See ist einer der beliebtesten und idyllischsten in Oslos Umland. An sonnigen Tagen scheint hier halb Oslo auf den Beinen zu sein. Man geht baden, wirft den Grill an und umrundet joggend oder wandernd auf bestens präparierten Wegen das Gewässer.

Wem dies zu viel Trubel ist, findet in der unmittelbaren Umgebung weitere **Wanderpfade**, die durch die einsame Nordmarka führen. Empfehlenswert ist u. a. die einstündige, völlig unkomplizierte Wanderung zur bewirtschafteten Hütte Ullevålseter. (Der Weg führt oberhalb des Sees entlang nach Norden.) Für weitere Touren ist die Wanderkarte „**Nordmarka**" eine gute Hilfe, die in allen Buchhandlungen der Stadt erhältlich ist. Hinweis: Es gibt eine Sommerkarte mit Wanderwegen *(turkart)* und eine Winterkarte mit Loipen *(løypekart).*
› T-bane 3 bis Sognsvann

52 Norsk Teknisk Museum ★★ [Karte S. 142]

Das Technische Museum liegt nördlich der Innenstadt am Rande des Waldgebietes der Nordmarka, unterhalb des idyllischen Trinkwassersees Maridalsvannet. Das Museum präsentiert **in didaktisch vorbildlicher Weise** die Technikgeschichte und vermittelt anschaulich technisches Wissen. Thematisiert werden u. a. die Ölgewinnung, die Wasserkraft und die Industrialisierung. Der Kompelx umfasst zudem ein Tele- und ein Medizinmuseum. Speziell auch für Kinder lohnt sich der Besuch dieses erlebnisreichen Museums.
› Kjelsåsveien 143, Tel. 22796000, www.teknskmuseum.no, Eintritt: 100 nkr, erm. 50 nkr, geöffnet: Ende Juni–Mitte Aug. tägl. 10–18 Uhr, ansonsten Di.–Fr. 9–16, Sa./So. 11–18 Uhr
› Zug 300 ab Hbf. in Richtung Hakadal bis Kjelsås (12 Minuten), alternativ Straßenbahn 12 ab Hbf. Richtung Kjelsås bis Kjelsåsallen (20 Minuten), dort links dieser Straße knapp 500 m bergauf folgen, hinter den Bahnschienen rechts

Praktische Reisetipps

An- und Rückreise

Mit dem Auto

Oslo kann man mit dem Pkw auf **drei Routen** erreichen: über Dänemark, über Schweden oder mit der Autofähre direkt ab Kiel. Fast immer muss eine Fähre genutzt werden (Infos zu den Fähren s. u.). Die erholsamste, aber auch teuerste Anreise ist jene mit der Direktfähre ab Kiel. Preiswerter und schneller ist die Fahrt durch Schweden. Zeitlich am ungünstigsten ist die Reise über den Norden Dänemarks.

Autofähre ab Kiel

Es setzen innerhalb von 20 Stunden die Luxusschiffe der Color Line nach Oslo über.
› **Color Line**, www.colorline.de, Tel. 0431 7300300, Abfahrt 14 Uhr, Ankunft 10 Uhr morgens, Autosparpaket inkl. 2 Personen 420–550 € pro Richtung, inkl. 4 Personen 480–700 €, unbedingt vorab buchen!

Über Dänemark und Schweden

Über die „Vogelfluglinie": Von Hamburg über Lübeck nach Puttgarden auf der Insel Fehmarn, ab hier mit der Fähre nach Rødby in Dänemark (Scandlines). Dann weiter vorbei an Kopenhagen und über die monumentale Öresundbrücke nach Malmö in Schweden. Ab Malmö schließlich auf der Autobahn E6 auf direktem Weg nach Oslo (Tempolimit auf schwedischen Autobahnen: 120 km/h).

Ohne Fähren: Ab Hamburg auf der A 7 nach Flensburg und weiter nach Kolding in Dänemark. Hier nach Osten Richtung Kopenhagen (473 km), von da an wie oben beschrieben. Der Weg führt über die gewaltige Storebaeltsbrücke.

Wer aus Richtung Berlin kommt, kann alternativ mit Scandlines von Rostock nach Gedser in Dänemark übersetzen. Nach 45 km ist danach die Autobahn in Richtung Kopenhagen erreicht.
› **Scandlines**, www.scandlines.de, Tel. 01805 116688

Über Schweden

Von Travemünde bei Lübeck und von Rostock aus geht es mit den Fähren der TT-Line nach Trelleborg in Schweden. Ab Sassnitz auf Rügen und ebenfalls ab Rostock setzen auch die Fähren von Scandlines über. Ab Trelleborg sind es auf der E6 noch etwa 600 km bis Oslo.
› **TT-Line**, www.ttline.de, Tel. 04501 80181, Vorabbuchung angeraten, Preis: Auto inkl. Insassen 140–170 €

Über Dänemark

Direktfähre ab Kopenhagen (DFDS Seaways), alternativ ab Hamburg auf der A7 bis Flensburg und weiter auf der E45 bis Frederikshavn (Skagen). Ab hier mit Stena Line direkt nach Oslo (Hamburg – Fredrikshavn 512 km).
› **DFDS Seaways**, www.dfdsseaways.de, Tel. 01805 8901051, Vorabbuchung angeraten, Preis: 75–125 € p. P., 50–125 €/Auto je Richtung
› **Stena Line**, www.stenaline.de, Preis: Auto inkl. Insassen 50–125 €, Kabine ab 50 € je Richtung, Vorabbuchung angeraten

▶ *Blick von der Fähre kurz vor dem Anlegen im Osloer Hafen*

◀ *Vorseite: Die zahme „Tigerstadt" Oslo begeistert auch die ganz jungen Besucher (Skulptur vor dem Hauptbahnhof)*

Praktische Reisetipps
An- und Rückreise

Mit der Fähre

Als Reisender ohne Auto kann man sehr bequem mit den gewaltigen, 250 m langen Fähren der Color Line **von Kiel nach Oslo** übersetzen. Die Reise dauert etwa 20 Stunden und führt an Dänemark und Schweden vorbei durch den idyllischen Oslofjord. Besonders interessant ist hier die Engstelle bei Drøbak, einem hübschen Holzhausort, die man knapp 2 Stunden vor Ankunft in bzw. nach Abfahrt aus Oslo passiert.

Eine Vorabbuchung ist sinnvoll. Die **Schiffe** bieten mit vielen Geschäften und Restaurants, einem Schwimmbad, einem Kino, Sonnendecks und gemütlichen Kabinen mit TV jeden erdenklichen Komfort. Der Anleger in Kiel („Norwegen Kai") ist vom Kieler Hauptbahnhof aus über eine Brücke perfekt zu Fuß zu erreichen. In Oslo befindet sich der Kai ca. 600 m westlich der Aker Brygge ❸. Von dort geht es entweder zu Fuß ins Zentrum oder alternativ mit dem Bus 33 (Richtung Ellingsrudåsen) bis zum Nationaltheater ❹.

› **Color Line,** www.colorline.de, Tel. 0431 7300300, in der Hauptsaison ab 250 € p. P. (Hin- und Rückfahrt), 2 Personen ab 340 € inkl. Kabine, Nebensaisonrabatte, teils auch Rabatte für Studenten

Mit dem Flugzeug

Allgemeines, Flughäfen

Wer sich für eine Anreise mit dem Flieger entscheidet, kann aus vielen, teils recht günstigen Verbindungen wählen. Dabei werden im Großraum Oslo **drei verschiedene Flughäfen** angeflogen. Die **Preise** variieren meist zwischen 100 und 150 € pro Richtung. Wer früh bucht, kann aber auch schon für 20 € nach Oslo gelangen. Zu beachten ist, dass gerade bei Billigfliegern u. U. Zusatzkosten entstehen. So zahlt man oft eine Extragebühr für aufgegebenes Gepäck (20 € oder mehr je Richtung). An Handgepäck dürfen meist bis zu 10 kg mitgenommen werden.

Flughafen Oslo-Gardermoen: Der Hauptflughafen Oslos, das wichtigste Luftdrehkreuz Norwegens mit toller Architektur, liegt ca. 50 km nördlich der Stadt.
> www.osl.no, Tel. 0047 91506400
> **Flughafenzug** *(flytoget):* www.flytoget.no, Preis pro Richtung: 170 nkr, erm. 85 nkr, Einsatzzeit: ab Oslo Hbf. von 4.45 bis 0.05 Uhr, ab Flughafen von 5.36 bis 0.56 Uhr, Fahrzeit 20 Minuten, mit Regionalzug nur 110 nkr/Richtung
> **Flughafenbus** *(flybussen):* Tel. 0047 22804971, www.flybussen.no/oslo, Preis: 150 nkr, erm. 80 nkr, Rückfahrticket 250 nkr, evtl. Nachtzuschläge, Einsatzzeit: 5.30–1 Uhr bzw. bei Flugzeugankunft. Zum Flughafen: ab Oslo Busbahnhof von Plattform 9, Nachtabfahrten ab Plattform 28. Ab Flughafen: im Erdgeschoss direkt vor dem Ausgang hinter dem Ticketschalter. Der Bus hält in den östlichen Vororten Oslos, am zentralen Busterminal, am Professor Aschehougs plass (direkt im Zentrum) und am Radisson Blu Scandinavia Hotel (unweit des Schlosses). Fahrzeit ca. 45 Minuten.

Flughafen Moss-Rygge: neuer, kleiner Flughafen nahe der Stadt Moss, 66 km südlich von Oslo.
> www.ryg.no, Tel. 69230000
> **Busverbindung:** Rygge-Ekspressen, www.rygge-ekspressen.no, zum Oslo Busterminal immer im Anschluss an die Flüge (Fahrzeit ca. 1 Std.), 140 nkr, Hin- und Rückfahrt 250 nkr

Flughafen Oslo-Torp: Flugplatz nahe Sandefjord, 120 km südwestlich von Oslo.
> www.torp.no, Tel. 33427000
> **Busverbindung:** Torp-Ekspressen, www.torpekspressen.no, zum Oslo Busterminal immer im Anschluss an die Flüge (Fahrzeit ca. 1 Std. 45 Min.), Preis: 200 nkr, Hin- und Rückfahrt 340 nkr

Airlines mit Verbindungen nach Oslo

Norwegian: fliegt ab Berlin-Schönefeld, Hamburg, Düsseldorf und München sowie Salzburg und Genf nach Oslo-Gardermoen
> www.norwegian.no, Tel. 004721490015

Ryanair: ab Berlin und Frankfurt-Hahn nach Oslo-Rygge, ab Bremen nach Oslo-Torp
> www.ryanair.de

Air Berlin: ab Berlin, Frankfurt, Köln, Düsseldorf, Nürnberg, München, Stuttgart, Sylt, Münster, Saarbrücken, Karlsruhe, Memmingen, Zürich, Innsbruck, Salzburg, Wien, Graz und Klagenfurt nach Oslo-Gardermoen (oftmals ist ein Umsteigen bei diesen Verbindungen notwendig)
> www.airberlin.de, Tel. 01805 737800

Lufthansa: von Hamburg, Düsseldorf, Frankfurt und München nach Oslo-Gardermoen
> www.lufthansa.de, Tel. 01805 805805

Mit der Bahn

Von verschiedenen deutschen Bahnhöfen bestehen Direktverbindungen nach Kopenhagen. Ab hier geht es entweder mit dem Schnellzug über Malmö nach Oslo oder mit den Fähren von DFDS Seaways weiter (www.dfdsseaways.de).
> www.bahn.de

Autofahren

Verkehrssituation

Der **Autoverkehr im Zentrum** ist für nordeuropäische Verhältnisse **vergleichsweise chaotisch** – abgesehen vom Juli, wenn die meisten Einheimischen im Urlaub sind. Die Situation ist den vielen Einbahnstraßen und Baustellen sowie dem verästelten Straßensystem geschuldet. Zudem ist die Ausschilderung nicht immer stimmig – oder fehlt ganz. Es lohnt daher, das Auto stehen zu lassen und die Innenstadt zu Fuß zu erkunden. Für weiter außerhalb liegende Sehenswürdigkeiten sollte man auf den Nahverkehr umsteigen.

Nach Oslo hinein führen folgende Straßen: die E18 aus Richtung Westen, die E18 und die E6 von Süden/Südosten (aus Richtung Schweden kommend), die E6 und die Rv 4 aus Osten und Norden (von Trondheim, Lillehammer bzw. Gjøvik kommend). Von allen diesen Straßen zweigen mindestens zwei der drei **Zentrumsringe** ab, die mit Ring 1, Ring 2 und Ring 3 ausgeschildert sind. Der **Ring 3** führt als Schnellstraße im weiten Bogen um das erweiterte Zentrum herum und dient u. a. als Zubringer zum Holmenkollen ㊼, Sognsvann ㊿ und Technischen Museum ㊿. Der **Ring 2** hingegen führt direkt am Vigelandspark ㉘, der Kreuzung Majorstuen [H6] und dem Munch-Museum ㊹ vorbei. Hier geht es allerdings aufgrund vieler Ampeln nicht so schnell voran. Der zentrumsnahste Ring ist der **Ring 1**. Er erfordert reichlich Konzentration, da er viele kurze Ausfahrten und in Richtung Hauptbahnhof zwei sehr turbulente Kreisverkehre besitzt.

Unter dem Zentrum führt die E18 in einem 2,9 km langen Tunnel hindurch, der auf bis zu 45 m unter NN hinabreicht. Von ihm gelangt man in die verschiedenen Regionen des Zentrums: Westen – „Sentrum V", Mitte – „Sentrum S", Osten – „Sentrum Ø". Um aus dem Zentrum wieder hinauszugelangen, muss man den Ausschilderungen „Drammen" (Richtung Westen) oder „Stockholm" (Südosten, Osten und Norden) folgen.

Die Einfahrt in die Innenstadt kostet 25 nkr **Maut**. Die Mautstationen liegen u. a. an der Halbinsel Bygdøy

◀ *Oslo-Gardermoen – der hypermoderne Hauptflughafen der Stadt liegt 50 km nördlich des Zentrums*

▶ *Ökologisch und bunt unterwegs mit dem in Norwegen produzierten Elektroauto „Buddy"*

Autofahren

(vom Zentrum her noch ohne Maut erreichbar), hinter Majorstuen und am Ekeberg. Die Mautgebühr erhält man, so es das eigene Auto ist, in Form einer Rechnung zugesendet (was meistens wegen Geringfügigkeit unterbleibt), beim Mietwagen wird sie mit der registrierten Kreditkarte verrechnet.

› **Tanken:** *Bensin* gibt es überall *blyfri* (bleifrei). Die Preise liegen etwa 20 % über dem deutschen Niveau.
› **Unfall:** Kamen keine Personen zu Schaden, wird die Polizei nicht hinzugezogen, sondern nur Fotos gemacht und die Kontakt- und Versicherungsdaten ausgetauscht.
› **Panne:** Im Fall einer Panne kann man sich an Naf (Tel. 0047 926 08505) oder Falck (Tel. 02222) wenden – oder direkt an den ADAC: Tel. 0049 89 222222.
› **Notruf:** Polizei Tel. 112, Krankenwagen Tel. 113
› **Höchstgeschwindigkeiten:** innerorts 50 km/h, Landstraße 80 km/h, Autobahn 90–100 km/h. **Verstöße** (auch Parkverstöße) sind extrem teuer: 5 km/h zu viel belasten die Reisekasse um rund 150 €, Parkverstöße um ca. 90 €
› **Promillegrenze:** 0,2 ‰

Parken

Parken ist in Oslo **sehr kostspielig.** Parkplätze sind zwar einigermaßen bezahlbar und zudem nach 17 Uhr (Sa. ab 13 Uhr) und am Sonntag kostenlos, da aber auch in Oslo Gelegenheit Diebe macht, sollten vor allem voll beladene Pkws unbedingt im Parkhaus abgestellt werden. Und die sind richtig teuer!

Für das Parken am Straßenrand gelten **vier Zonen:** die rote *(rød),* die gelbe *(gul),* die blaue *(blå)* und die grüne *(grønn).* Die rote Zone ist am teuersten und umfasst nahezu das gesamte Zentrum. 1 Stunde kostet hier 30 nkr (rund 4 €). Mit zunehmender Parkdauer wird es teurer! In der gelben Zone kostet eine Stunde 16 nkr (rund 2,10 €). Zu dieser Zone zählen im Zentrum die Kongensgate [L10–L12] (hinter der Festung Akershus) und nahezu alle Straßen innerhalb des Rings 3. Die grüne und die blaue Zone umfassen alle Gebiete außerhalb des Rings 3 und die Halbinsel Bygdøy (s. S. 66). Hier kostet eine Stunde 9 nkr (rund 1,15 €). Am stressärmsten ist es, das Auto außerhalb, z. B. auf Bygdøy, am Holmenkollen ❹ oder am Vigelandspark ❷ (in der Middelthunsgate), zu parken. Hinweis: Bei Parkverstößen drohen **drakonische Strafen.** Schon zwei Minuten (!!) über der Zeit können mit umgerechnet 90 € zu Buche schlagen.

Viele **Parkhäuser** liegen entlang dem Ring 1 (Tageskarte 320 nkr). Etwas preiswerter sind zwei direkt nebeneinander liegende Garagen östlich des Hauptbahnhofs. In beiden kosten 24 Stunden 240 nkr (30 €):

- ●**101** [O10] Parkhaus Galleriet Øst, Tøyenbekken
- ●**102** [O10] Parkhaus Grønlands Torg, Tøyenbekken

Mietwagen

Alle großen Mietwagenfirmen sind an den Flughäfen und im Zentrum der Stadt vertreten. Um einen möglichst günstigen Preis zu bekommen, sollte der Mietwagen vorab über die deutsche Seite des Anbieters oder besser noch über www.billiger-mietwagen.de gebucht werden. Die Ersparnisse sind teilweise enorm. Zur Buchung ist eine Kreditkarte notwendig.

- ●**103** [J10] **Avis,** Munkedamsveien 27 (hinter der Brücke), zwischen Rathaus und Schloss, Tel. 81569044, www.avis.de

Praktische Reisetipps

Barrierefreiheit, Dipl. Vertretungen, Ein- /Ausreise, Geldfragen

- **104** [J10] **Europcar,** Dronning Mauds Gate 10–11 (Eingang Munkedamsveien, unter der Brücke), zw. Schloss und Rathaus, Tel. 22831242, www.europcar.de
- **105** [K5] **Oslo Bilutleie,** General Birchsgate 16, nördl. des Parks St. Hanshaugen, Tel. 22601212, www.oslobilutleie.no
- **106** [I11] **Rent a Wreck,** Filipstadveien 5, zwischen Color-Line-Anleger und Aker Brygge, www.rentawreck.no, Tel. 22833111

Barrierefreies Reisen

Nachdem die Situation in Oslo für Menschen mit Behinderung einst nicht gerade optimal war, verbessert sich diese zunehmend und kann nun als sehr gut bezeichnet werden. Die Bürgersteige sind abgeflacht und nahezu alle Geschäfte und öffentlichen Gebäude haben Rampen oder Lifte. Busse und Bahnen können fast überall hindernisfrei genutzt werden.

- **107** [N10] **Norges Handicapforbund,** Schweigaardsgt. 12, Tel. 24102400, www.nhf.no

Diplomatische Vertretungen

- **108** [I8] **Deutsche Botschaft,** Oscars gate 45, Tel. 23275400, Notfälle: Tel. 90850802, www.oslo.diplo.de
- **109** [G9] **Österreichische Botschaft,** Thomas Heftyes gate 19–21, Tel. 22540200, http://www.bmeia.gv.at/botschaft/oslo.html
- **110** [F8] **Schweizer Botschaft,** Bygdøy allé 78, Tel. 22542390, www.eda.admin.ch/oslo
- ❯ Norwegische Botschaft: www.norwegen.no

Ein- und Ausreisebestimmungen

Für einen Aufenthalt bis zu drei Monaten reicht der **Personalausweis.** Norwegen ist dem Schengener Abkommen beigetreten, an den Fähren finden trotzdem ab und zu Kontrollen statt.

Bei der **Einfuhr von Alkohol** sollten die gesetzlichen Bestimmungen beachtet werden. Zollfrei eingeführt werden darf: 1 l Schnaps (max. 60 Vol.-% Alkohol) und 2 l Bier oder Wein, alternativ: kein Schnaps, aber 3 l Bier und 2 l Wein. **Tabak:** 200 Zigaretten oder 250 g Tabak plus 200 Blättchen.

In Geschäften mit **Tax-free-Symbol** kann man einen Global-Refund-Scheck ausfüllen und an der Grenze (bei Fähren an der Rezeption) 11–18 % des Kaufpreises zurückerstattet bekommen. Der Kaufpreis muss hierfür 308 nkr übersteigen und die Ware muss im Laden versiegelt werden, zumindest theoretisch.

❯ Zollinfos: www.toll.no

Geldfragen

Norwegens offizielle Landeswährung ist die **Norwegische Krone** (Abkürzung nkr, NOK). Geld kann an allen **Geldautomaten** *(minibank)* mit Maestro-(EC-)Karte abgehoben werden. Es fallen dabei Gebühren an. Der Kurs ist in Norwegen jedoch besser als beim Geldumtausch in Deutschland.

❯ Wechselkurs (Stand: April 2012):
1 € = 7,6 nkr, 1 CHF = 6,34 nkr,
1 nkr = 0,13 € bzw. 0,16 CHF

Kreditkarten werden in der Regel akzeptiert und sind bei der Automiete

Oslo preiswert

Mit **Lebensmitteln** sollte man sich unbedingt bei den **Discountern** Rema 1000 (Torggate, nahe Domkirche ❷ neben der T-bane-Haltestelle), Rimi (Biskop Gunnerus gate 5, neben dem Hbf.) und Kiwi (Einkaufszentrum Byporten, direkt neben dem Hbf.) eindecken. Preiswertes Obst und Gemüse gibt es im Stadtteil Grønland ㊶. **Die günstigsten Restaurants** und Imbissstände finden sich entlang der Torggata [M9/10], am Youngstorget ㊵ und in Grønland ㊶.

Zahlreiche Museen sind gratis, z.B. sonntags die Nationalgalerie ❼ und das Historische Museum ❽. Ebenfalls kostenlos sind das Foyer und das Dach der neuen Oper ⓳, der Vigelandspark ㉘, das Gelände der Festung Akershus ⓯, die Ruinenparks in Gamlebyen ㊷ und der Botanische Garten ㊺.

Mit einem normalen Stadtverkehrsticket sind die **Inseln im Oslofjord** ⓰ und die Halbinsel Bygdøy zu erreichen. Hier gibt es überall auch schöne Badestellen. Völlig kostenfrei, aber erholsam und erlebnisreich zugleich ist zudem eine **Wanderung am Oslofjordufer** entlang, von Tjuvholmen/Aker Brygge ⓭ vorbei am Rathaus ❾ über die Festung Akershus ⓯ hin zur Oper ⓳. Wer viel erleben und Geld sparen möchte, dem sei der **Oslo Pass** ans Herz gelegt.

▶ *Das Trafikanten-Infozentrum befindet sich am markanten grünen Uhrenturm am Hauptbahnhof Pflicht.*

EXTRATIPP

Oslo Pass

Wer die Stadt umfassend erleben und dabei sparen möchte, für den ist der Oslo Pass die richtige Wahl. Er bietet **gratis Eintritt** in nahezu alle Museen (z. B. Ibsen-Museum ⓫, Historisches Museum ❽, Munch-Museum ㊹, Friedensnobelpreiszentrum ⓬, Wikingerschiffsmuseum ㉑ usw.) und in zwei Bäder, die kostenlose **Nutzung aller öffentlichen Verkehrsmittel** innerhalb Oslos, kostenloses Parken auf bestimmten öffentlichen Parkplätzen (blaue Parkschilder), kostenlose geführte Spaziergänge, **Ermäßigungen** u. a. bei Stadtrundfahrten, beim Schlittschuh- und Skiverleih sowie **Rabatte** in ausgewählten Restaurants (z. B. Peppes Pizza (s. S. 19) und Geschäften (z. T. 10–20 % Rabatt).

› **Preis:**
für 24 Std. 270 nkr (erm. 120 nkr),
für 48 Std. 395 nkr (erm. 145 nkr),
für 72 Std. 495 nkr (erm. 190 nkr).

› Weitere Infos zum Leistungsumfang auf **www.visitoslo.com** (Rubrik „Oslo Pass")

Hinweis: Es kann in vereinzelten Geschäften vorkommen, dass die Lesegeräte nichtskandinavische Karten nicht erkennen. Bei Mietwagenfirmen und dem öffentlichen Transport klappt es aber problemlos.

Norwegen ist ein recht **teures Land**. Die Preise für Lebensmittel, Transport und Unterkünfte liegen gut 50 % über dem deutschen Niveau. Jährliche Preissteigerungen von 5–10 % sind einzuplanen. Bei den Preisen sollte immer beachtet werden: In Norwegen wird jeder Arbeitnehmer gut bezahlt, was insgesamt zu einem hohen Preisniveau führt.

Informationsquellen

Infostellen zu Hause

Visit Norway ist das offizielle Fremdenverkehrsamt Norwegens mit Sitz in Hamburg:
› **Visit Norway,** Caffamacherreihe 5, 20355 Hamburg, Deutschland, Tel. 0180 5001548, www.visitnorway.de

› **Norwegen-Service:** Das Norwegen-Portal www.norwegeninfo.net des Autors bietet ausführliche Informationen zum Land. Außerdem findet man auf der Website einen umfassenden Ferienhauskatalog. Angeboten werden zudem Norwegischkurse und Übersetzungsdienstleistungen.

Infostellen in der Stadt

ⓘ **111** [M10] **Turistinformasjon Trafikanten,** Jernbanetorget 1, im Erdgeschoss des grünen Turms direkt vor dem Hauptbahnhof, Tel. 81530555, www.visitoslo.com, geöffnet: Mo.–Fr. 7–20 Uhr, Sa./So. 8–18 Uhr (Mai–Sep. Sa./So. 8–20 Uhr), an Feiertagen meist 10–16 Uhr. Hier gibt es Berge an Infomaterial, den Oslo Pass, Fahrplanauskünfte und Tickets (für Nahverkehr und Kultur). Außerdem kann man in der Touristeninformation Hotels und Privatunterkünfte buchen sowie Oslo-Souvenirs erstehen.

ⓘ **112** [K10] **Turistinformasjon Rathaus,** Fridtjof Nansens plass 5, geöffnet: Juni–Aug. tägl. 9–19 Uhr, April/Mai/Sep. Mo.–Sa. 9–17 Uhr, Jan.–März/Okt.–Dez. Mo.–Fr. 9–16 Uhr, feiertags geschlossen. Auch hier gibt es stapelweise Informationsmaterial und den Oslo Pass.

ⓘ **113** [M10] **UngInfo,** Møllergata 3, Tel. 24149820, www.unginfo.oslo.no, geöffnet: Juli–Aug. Mo./Di./Do./Fr. 9–18, Do. 11–18 Uhr, sonst Mo.–Fr. 11–17 Uhr. Die UngInfo ist eine Touristeninformation für Jugendliche zwischen 13 und 26 Jahren, wobei man auch ältere nicht des Raumes verweist. Hier gibt es das praktische Infoheft „Use-It", das preis-

Praktische Reisetipps
Internet und Internetcafés, Medizinische Versorgung

werte Privatunterkünfte auflistet und Hilfestellungen für alle (Oslo-)Lebenslagen beinhaltet.

Oslo im Internet

- www.visitoslo.com: die offizielle, sehr informative Internetseite der Touristeninformation
- www.oslo.kommune.no: die offizielle Homepage der Stadt (nur auf Norwegisch)
- www.prosjekt-fjordbyen.oslo.kommune.no: Infos zur Umgestaltung des innerstädtischen Hafenbereichs (s. S. 35)
- www.oslosurf.com: tolles Infoportal zur Stadt, leider nur auf Norwegisch
- use-it.unginfo.oslo.no: Insidertipps für jugendliche Reisende
- kart.gulesider.no: Oslo Streetview (unter: „Gatebilder" – „Oslo")
- www.norweginfo.net: umfassende Informationen zu Oslo und ganz Norwegen

Publikationen und Medien

- Aftenposten, www.aftenposten.no. Die größte Zeitung der Stadt (konservative Ausrichtung).
- Dagbladet, www.dagbladet.no. Boulevardblatt mit gutem Veranstaltungskalender und Wetterbericht.

> **EXTRAINFO**
>
> **Deutschsprachige Zeitungen und Zeitschriften**
> - Deutschsprachige Zeitungen bieten nahezu alle Kioske im Zentrum an, u. a. der Narvesen-Kiosk gegenüber dem Storting (tägl. geöffnet).
> - 114 [M9] **Deichmanske Bibliotek**, Arne Garborgs plass 4, Tel. 23432900, geöffnet: Mo.–Fr. 10–19, Sa. 10–16 Uhr. An der Rezeption in der 1. Etage liegen u. a. die FAZ und Die Zeit aus.

- **Dagsavisen**, www.dagsavisen.no. Kleinere, seriöse Stadtzeitung mit Veranstaltungskalender.
- **What's on?** Kostenlose Infobroschüre zu Veranstaltungen in der Stadt, erhält man in der Touristeninformation (s. S. 111).
- **Kostenlose Stadtpläne** der erweiterten Innenstadt liegen in den Touristeninformationen aus.

Internet und Internetcafés

Kostenlosen Internetzugang bieten die Rechner der UngInfo (s. S. 111). Gratis WLAN-Hotspots finden sich in allen Peppes-Pizza-Filialen (s. S. 19) und Thon Hotels (Zugangsdaten liegen auf Visitenkarten im Hotel aus).

- **Arctic Internet Oslo**, im Hauptbahnhof, geöffnet: tägl. 9–23 Uhr
- @115 [K10] **Saga Internetcafe**, Stortingsgata 28 (neben dem Nationaltheater), geöffnet: Mo.–Sa. 10–24, So. ab 12 Uhr

Medizinische Versorgung

Die medizinische Versorgung in Norwegen ist sehr gut. Die gesetzlichen Krankenkassen des Heimatlandes garantieren eine Behandlung im akuten Notfall. Hierzu wird die **Europäische Krankenversicherungskarte (EHIC)** benötigt, die bei der heimischen Krankenkasse erhältlich ist. Der Abschluss einer zusätzlichen privaten **Auslandskrankenversicherung** ist jedoch angeraten, die insbesondere weitergehende Leistungen wie beispielsweise den Rücktransport ins Heimatland abdecken soll. Im Falle einer Behandlung kann es sein, dass

Praktische Reisetipps
Medizinische Versorgung

Meine Literaturtipps

› Einen Einblick in die Stadt bieten die vier Elling-Bücher des Autors **Ingvar Ambjörnsen**. Erzählt wird die Geschichte von Elling, einem sympathischen, aber kauzigen Menschen mit einem veritablen Tick, und von dessen Versuchen, das Leben zu meistern.

› Das Lebensgefühl der Jugend in Oslo während der grassierenden Beatlesmania in den 1960er-Jahren beschreibt **Lars Saabye Christensens** Roman „Yesterday".

› Noch weiter zurück in der Zeit greifen **Sigurd Hoels** Buch „Ein Oktobertag in Oslo", das in den 1930er-Jahren spielt und vom Selbstmordversuch eines Models erzählt, und

› **Knut Hamsuns** epochales Werk „Hunger". Hamsun schildert eine Zeit im Leben eines jungen Mannes, der versucht, in Kristiania (Oslo) unter schwersten materiellen Bedingungen als Journalist und Schriftsteller Anerkennung zu finden.

› Bemerkenswertes und Kurioses aus der Stadt weiß das Buch „Lesereise Oslo: Auf der Suche nach Ibsens Badewanne" von **Anne Helene Bubenzer** und **Gabriele Haefs** zu berichten.

› „Peer Gynt", eines von **Henrik Ibsens** Hauptwerken, ist dem jungen Bauernsohn Peer Gynt gewidmet, der mit Lügengeschichten versucht, der Realität zu entfliehen. Zum Bühnenstück schrieb Edvard Grieg die Musik, aus der er 1888 und 1891 die Peer-Gynt-Suiten zusammenstellte. Ibsens Drama „Peer Gynt" gehört heute zur Weltliteratur und Griegs Peer-Gynt-Suiten No. 1 („Morgenstimmung" und „In der Halle des Bergkönigs") und No. 2 („Solvejgs Lied") erlangten als geniale wie eingängige Orchesterstücke Weltruhm.

---

die Kosten zunächst selbst getragen werden müssen. Für eine Rückerstattung zu Hause ist es wichtig, alle Quittungen und Belege aufzubewahren. In jedem Fall ist ein Eigenanteil von 150 nkr zu zahlen.

Bei einem **Notfall** ist immer zunächst die **Legevakt (Ärztewache)** zu konsultieren:

❍116 [N9] **Oslo kommunale legevakt**, Storgata 40, 2 Std. geöffnet, Tel. 23487000, Notruf-Tel. 113, Straßenbahn 11, 12, 13, 17, Haltestelle Hausmanns gate. Angeschlossen ist auch eine rund um die Uhr geöffnete **Apotheke**.

Nahezu alle Ärzte sprechen Englisch, viele auch Deutsch. Bei Problemen hilft die Botschaft weiter.

Zahnbehandlungen werden in Norwegen, außer bei Kindern und Rentnern, nicht von der Krankenkasse übernommen und sind zu 100 % selbst zu tragen.

❍117 [M9] **Tannhelsetjenesten Oslo KF**, Hammersborg Torg 3, ab dem Stortorvet ❷ über die Møllergata erreichbar, Tel. 02180. Zentraler Zahnarztdienst.

❍118 [N10] **Tannlegevakten**, Schweigaardsgate 6, vom Hbf. über die Brücke Richtung Busterminal zu erreichen, Tel. 22673000. Zahnärztlicher Notdienst tägl. 19–22 Uhr.

Hier eine **zentral gelegene Apotheke**:

❍119 [M10] **Vitusapotek Jernbanetorget**, Jernbanetorget 4 B, gegenüber dem Hbf., Tel. 23358100, 24 Std. geöffnet

Mit Kindern unterwegs

Oslo bietet etwas für Kinder jeder Altersgruppe. Zum einen ist da natürlich der **Vergnügungspark Tusenfryd** mit Karussells, einer Achterbahn, einem Abenteuerweg, Spielplätzen und Wasserrutschen.

- **120 Vergnügungspark Tusenfryd**, an der E6 nach Süden (ca. 25 km), Bus 541 ab Hbf. (Richtung Drøbak), www.tusenfryd.no, Eintritt: 300–380 nkr, unter 120 cm 240–290 nkr (je nach Saison), geöffnet: Juli–Mitte Aug. 10.30–19 Uhr, Apr.–Juni/Mitte Aug.–Okt. meist 11–18 Uhr

Zudem gibt es viele, auch für Kinder bzw. Jugendliche **spannende Museen** wie das Kinderkunstmuseum ㉛, das Technische Museum ㊷, das Freilichtmuseum ⑳, das Kon-Tiki-Museum ㉒, das Fram-Museum ㉓ oder das Historische Museum ⑧. Viel zu entdecken gibt es auch auf der Festung Akershus ⑮, im Vigelandspark ㉘ und im Botanischen Garten ㊺. Auf den Grünflächen darf Ball gespielt und getobt werden. Zudem ist das **Grillen** gestattet (außer im Botanischen Garten).

In allen Supermärkten können Einweggrills, Würstchen *(pølse)* und leckere Garnelen erstanden werden. (Tipp: Wegen des Qualms etwas abseits grillen und Wasser zum Löschen mitnehmen. So kann der Grill dann in einer Mülltonne schnell entsorgt werden.)

Einen kleinen **Spielplatz** gibt es im Zentrum selbst nur an der Aker Brygge ⑬. Weitere größere Spielplätze liegen u. a. im Westen im Vigelandspark ㉘, auf Bygdøy im Freilichtmuseum ⑳, im sich südlich an den Bo-

▲ *Abenteuerspielplatz im Vigelandspark* ㉘

tanischen Garten 45 anschließenden Park, im Norden in den Parks St. Hanshaugen (s. S. 83) und Sofienberg (s. S. 86) sowie nahe der Gamle Aker Kirke 36 (von der Kirche den Telhusbakken bergab laufen und in die nächste Straße rechts einbiegen). Alle **Kindergartenspielplätze** dürfen ebenfalls genutzt werden. Bei Regen lohnt ein Abstecher zum Child Planet oder zu Hopp i Havet, zwei großen **Indoor-Spielplätzen:**

- •121 [H6] **Child Planet,** Middelthunsgate 21 A, zwischen Majorstuen und dem Vigelandspark, Fr. 17–19, Sa./So. 10–17 Uhr, Eintritt: 40 nkr, am Wochenende 70 nkr
- •122 [O4] **Hopp i Havet,** Sandakerveien 24, nördl. von Grünerløkka, Straßenbahn 12, 13 bis Torshov, www.hoppihavet.no, Di.–So. 10–20 Uhr, Kinder 150 nkr, Erwachsene gratis. Hier können Kinder die Unterwasserwelt spielend erleben.

Tiere sind im Oslo Reptilienpark, am Gut Bogstad 48 und im Haustierpark zu erleben. Letzterer liegt auf dem Ekeberg und hat u. a. Schafe, Ziegen, Schweine und viele Vögel zu bieten. Dort können auch kleinere Reittouren unternommen werden.

- •123 [L8] **Oslo Reptilienpark,** St. Olavs gate 2, tägl. 10–18 Uhr, Eintritt: 100 nkr, Kinder 70 nkr, mit Oslo Pass gratis
- •124 [Q16] **E.K.T. Rideskole/Husdyrpark,** Ekebergveien 99, Straßenbahn 18, 19 ab Hbf. Richtung Ljabru, Haltestelle Jomfrubråten, dort dem Frierveien bergauf folgen bis zum Jonfrubråtenveien, nun nach links und nach 100 m an der nächsten Weggabelung nach rechts (insgesamt ca. 10 Minuten zu Fuß), Tel. 22199786, www.rideskole.no, geöffnet: im Sommer tägl. 10–19 Uhr, ansonsten bis Sonnenuntergang, Reittouren bis 15.30 Uhr, Eintritt: 30 nkr, Ponyreiten ab 1 Jahr für 30 nkr

Wer genug hat von der Stadt und mit Kind und Kegel einmal richtig durchatmen möchte, dem sei ein **Ausflug in die Natur** ans Herz gelegt. Schöne **Badestrände** und viele Wasservögel gibt es auf den Inseln im Oslofjord 15, am Sognsvann 51 und auf Bygdøy (s. S. 66). Erholsame **Wanderwege** durch verwunschene Wälder beginnen u. a. am Sognsvann und Holmenkollen 47, wo die mächtige Schanze ohnehin Kinder aller Altersgruppen begeistert. Für den etwas abenteuerlustigeren Nachwuchs gibt es hier auch einen Skisimulator.

Ebenfalls empfehlenswert sind **Bootsfahrten** zur Halbinsel Bygdøy und auf die Inseln im Oslofjord sowie eine Rundfahrt durch das Zentrum mit dem Oslo Toget, einem Zug auf Rädern (s. S. 119). **Fahrräder** können für (leider üppige) 350 nkr/Tag (Mai–Sep.) an der T-bane-Haltestelle Voksenkollen (Linie 1) geliehen werden. Ab hier führen tolle Touren durch die Nordmarka-Wälder. Die Touristeninformation verleiht auch Stadträder.

Hochstühle bieten alle Lokale an, auf den Toiletten finden sich nahezu immer **Wickelräume** *(stellerom).*

Notfälle

Notruf

- **Polizei:** Tel. 112
- **Feuerwehr:** Tel. 110
- **Notarzt:** Tel. 113

Diebstahl, Verlust

Wird der Reisepass oder Personalausweis gestohlen oder verloren, muss der Vorfall der örtlichen Polizei gemeldet werden. Die zuständige Botschaft (s. S. 109) kann einen

Ersatz-Reiseausweis ausstellen und hilft in Notfällen weiter. Eine zentral gelegene Polizeidienststelle ist:
> 125 [M9] **Politi**, Hammersborggata 12, am Arbeidersamfunnets plass nahe dem Youngstorget, 24 Std. geöffnet, Tel. 22669050

Fundbüro:
• 126 [P11] **Hittegodskontoret**, Grønlandsleiret 44, im Polizeihaus, Tel. 22669050

Kartenverlust

Deutsche Kunden, die ihre **Kreditkarte**, die **Maestro(EC)-Karte** oder ihr **Handy** verloren haben, können sie über die **zentrale Sperrnummer Tel. 0049 116116** blockieren lassen. Für **Österreicher und Schweizer** wird dieser Service vorerst nicht angeboten, deshalb sollten sie sich vor der Reise über die jeweiligen Sperrnummern informieren.
› www.sperr-notruf.de

Öffnungszeiten

› **Supermärkte** haben meist Mo.–Fr. 8–20/22 Uhr geöffnet, Sa. 8/9–20 Uhr.
› **Kioske** wie Narvesen, 7-Eleven und Deli de Luca sind meist von 7 Uhr an bis spät in die Nacht geöffnet, auch am Sonntag. Hier gibt es neben Zeitschriften auch Essen und Getränke, allerdings teurer.
› Der **Einzelhandel** in Einkaufszentren wie der Aker Brygge ⑬ oder dem Paleet (s. S. 13) an der Karl Johans gate öffnet seine Türen meist Mo.–Fr. 10–20 Uhr und Sa. 10–18 Uhr. Andere Läden wie z. B. am Bogstad- und Hegdehaugsveien schließen meist schon um 18 Uhr (Do. bis 19 Uhr, Sa. bis 17 Uhr).
› **Post:** 8–17 Uhr, Sa. bis 13 Uhr
› **Banken:** meist 9–15 Uhr
› **Ämter:** meist 9–15 Uhr

Post

Postämter befinden sich u. a. im Hauptbahnhof (Tel. 81000710) und am Youngstorget ⓩ. Das **Porto** für einen Standardbrief bzw. eine Postkarte in europäische Länder beträgt 13 nkr. Etwas länger dauert der Versand mit der „B-Økonomi"-Briefmarke für 12 nkr (muss extra verlangt werden).

Radfahren

Oslo weist ein recht bergiges Profil auf. Es muss daher mit Höhenunterschieden von bis zu 80 m in der Innenstadt und 180 bis 500 m in Richtung der Nordmarka gerechnet werden. Trotzdem ist Fahrradfahren **in Oslo sehr beliebt** und es werden **fortwährend neue Radwege** angelegt. Ein sehr schöner Radweg folgt z. B. dem Fluss Akerselva ab Grønland ㊶ hinauf zum Technischen Museum ㊷ und dem idyllischen See Maridalsvannet (150 m ü. NN), der anschließend umrundet werden kann (insgesamt 20 km). Die Nordmarka selbst durchziehen Hunderte Kilometer Fahrradwege. Einige sind nur mit dem Mountainbike befahrbar, andere hingegen, wie vom Sognsvann ㊶ in Richtung Ullevålseter, auch mit Tourenrädern.

Für Fahrten in der Innenstadt kann man sich an diversen Standorten **Stadtfahrräder** ausleihen. Dies kostet 90 nkr pro Tag. Zahlbar ist der Betrag per Kreditkarte (die auch als Ausweisdokument gilt) in den Touristeninformationen der Stadt.

▶ *Mit dem Fahrrad durch Grønland* ㊶

05400 Abb.: ms

› **Infoseite zu Stadtfahrrädern: www.oslobysykkel.no.** Die Fahrräder können überall in der Stadt an eigenen Fahrradständern entnommen werden. Einige der insgesamt 100 Stationen: Stortingsgate, Karl Johans gate ① (Egertorget), an der Straßenbahnhaltestelle Aker Brygge, Vipetangen (südlich der Festung Akershus ⑮), Middelthunsgate (am Vigelandspark ㉘) und nahe dem Munch-Museum ㊹ (Kreuzung Økernveien/Finnmarkgata).

•127 **Fahrradverleih,** an der Haltestelle Voksenkollen (T-bane-Linie 1), www.ski-guide.no, Tel. 91514633, Mai–Sep. 10–18 Uhr, im Frühling/Herbst nur am Wochenende, Leihgebühr: üppige 350 nkr/Tag, 100 nkr jeder weitere Tag. Ab hier führen Fahrradwege zum Tryvannstårnet, einem derzeit geschlossenen Fernsehturm auf 529 m Höhe, zum Tryvann Skisenter, zur Nordmarkskapelle und nach Ullevålseter, von wo aus man hinab zum Sognsvann (51) radeln kann (ca. 6 km).

› **Fahrradkarten** – „Sykkelkart Oslomarka/Nordmarka" – sind in allen Buchhandlungen erhältlich).

Schwule und Lesben

Die norwegische Gesellschaft pflegt im Allgemeinen eine **sehr liberale Haltung** gegenüber Homosexuellen. Probleme gab es in Oslo bislang nur hin und wieder am Abend im muslimisch geprägten Stadtteil Grønland.

› **Landesverband für Schwule und Lesben,** www.llh.no, Tel. 23103939

128 [L9] **London Pub,** www.londonpub.no, in der oberen Rosenkrantz' gate, einer Nebenstraße der Karl Johans gate ①, Tel. 22708701, geöffnet: 15–3 Uhr. Kneipe, Events, Disco.

129 [L9] **Elsker,** Kristian IVs gate 7, eine Parallelstr. der Karl Johans gate. Schwulenklub mit Disco.

› **Skeive Dager,** www.skeivedager.no. Dies ist die größte Kulturveranstaltung für Homosexuelle in Norwegen mit Filmaufführungen, Konzerten, Shows und Gay-Parade.

Sicherheit

Oslo ist eine **sichere Stadt.** Wie in jeder größeren Metropole gibt es auch hier Kriminalität, weshalb man sich an die allgemein **üblichen Vorsichtsmaßnahmen** halten sollte: voll beladene Autos (vor allem über Nacht) nicht am Straßenrand parken (speziell nicht hinter der Festung Akershus ⑮) und Geldbörsen nicht offen zur Schau tragen.

Auf der unteren Karl Johans gate ①, in Richtung Hauptbahnhof, gibt es zeitweise Probleme mit Taschendieben und Drogenabhängigen, im Viertel Kvadraturen hingegen, um die Festung Akershus herum, mit der Prostitution. Diese konnte jedoch eingedämmt werden, seitdem der Kauf von Liebesdienstleistungen in der Öffentlichkeit unter Strafe steht.

Vor allem Freitag- und Samstagnacht kann es ab Mitternacht mit steigendem Alkoholpegel durchaus hoch und laut her gehen. **Tätlichkeiten unter Betrunkenen** sind da keine Seltenheit. Ein Epizentrum, das in dieser Zeit gemieden werden sollte, ist die Rosenkrantz' gate [K10].

Vor allem **Frauen** sollten nachts im Viertel Grønland ㊶, um die T-bane-Station Tøyen herum, im Schlosspark und im Park entlang dem Fluss Akerselva etwas Vorsicht walten lassen.

Sport und Erholung

Oslo ist eine **Stadt der unbegrenzten sportlichen Möglichkeiten.** Egal zu welcher Jahreszeit man in der Stadt ist, es gibt immer eine Vielzahl von Angeboten. Im Sommer stehen selbstverständlich **Wanderungen** durch die nahe Nordmarka (51) hoch im Kurs. Es wird behauptet, man träfe an einem Sonntag hier mehr Osloer an als auf der Karl Johans gate ①.

Auch passionierte Schwimmer kommen in Oslo auf ihre Kosten. So locken die **Strände** auf den Inseln im Oslofjord ⑮, auf der Halbinsel Bygdøy (s. S. 66) oder am Sognsvann-See (51). Wer es „zivilisierter“ mag, kann im Freibad Frognerbadet am Vigelandspark ㉘ seine Bahnen ziehen (beheizt, Mitte Mai–Ende Aug. tägl. 10–18 Uhr, Eintritt: 40 nkr).

Im Winter locken **Alpinskizentren** und mehr als 2000 km gespurte **Langlaufloipen**, die teilweise bis spät in die Nacht beleuchtet sind (u. a. am

▼ *Oslo ist auch für Wintersportler ein lohnendes Ziel*

0550o Abb.: tb

Sognsvann, am Holmenkollen ❹ und ab den T-bane-Haltestellen Voksenkollen und Frognerseteren).

Eine Mordsgaudi ist die **Schlittenfahrt durch den Korketrekkeren** („Korkenzieher"). Die knapp 2 km lange Rodelpiste führt von der Endhaltestelle der Linie 1, Frognerseteren (hier Schlittenverleih für 100 nkr), hinab zur Haltestelle Midtstubakken, wo man mit der T-bane wieder hinauffährt.

❯ **Tryvann Vinterpark**, www.tryvann.no, mit der T-bane 1 bis Voksenkollen, ab hier 10 Min. zu Fuß zum „Toppsenteret", wo auch der Skiverleih ist (320 nkr/Tag), oder: Skibus (25 nkr). Tageskarte 370 nkr. Alpinskizentrum mit 290 m Höhenunterschied, 7 Liften, 14 Pisten.
❯ **Varingskollen**, Zug (35 Minuten) ab Hbf. nach Varingskollen (Lifte direkt am Bahnhof), www.varingskollen.no. Alpinskizentrum nördlich der Stadt, 360 m Höhenunterschied, 5 Lifte, Skiverleih (320 nkr), Tageskarte (10–22 Uhr) 320 nkr.
❯ **Skiverleih**, an der T-bane-Haltestelle Voksenkollen, www.skiservice.no, Tel. 22139500. Hier kann man Langlaufski, Schlitten und Fahrräder leihen.
❯ **Skiforeningen – Oslo Skiverband**, www.skiforeningen.no, Tel. 22923200, u. a. aktuelle Loipeninfos („Ut i marka" - „Føremelding" - Region auswählen – Holmenkollen und Sognsvann unter „Nordmarka Syd")
❯ **Eisfläche Narvisen** (Nov.–März) direkt an der Karl Johans gate ❶ (Schlittschuhverleih 45 nkr)

Sprache

Mit **Englisch** kommt man in Oslo ohne Probleme zurecht. **Deutsch** wird in den Touristeninformationen verstanden, teils auch an den Rezeptionen. Eine **kleine Sprachhilfe Norwegisch** findet sich im Anhang dieses CityTrips. Wer sich etwas intensiver mit dem Norwegischen befassen möchte, dem sei der Kauderwelsch-Band „Norwegisch – Wort für Wort" aus dem REISE KNOW-HOW Verlag ans Herz gelegt.

Stadttouren

Alle Stadttouren zu Fuß, mit dem Boot, dem Bus oder dem Helikopter können in den Touristeninformationen (s. S. 111) gebucht werden.

❯ **Båtservice Sightseeing**, Tel. 23356899, www.boatsightseeing.com, Abfahrt aller Sightseeingboote und -busse ab Rådhusbrygge 3, gegenüber dem Rathaus ❾. Bootstouren, u. a. Hop-on-hop-off-Mini-Cruise, ganzjährig 5-mal tägl., legt am Rathaus, der Oper und auf Bygdøy an (170 nkr); 2 Std. Fjordsightseeing mit Blick auf Rathaus, die Festung und die Fjordinseln (April–Sep., 250 nkr); 3- bis 5-stündige Bustour bzw. Boots-/Bustour (400 nkr) u. a. mit den Bygdøy-Museen, dem Vigelandspark und dem Holmenkollen; Sommerabend auf dem Oslofjord auf einem Holzsegelschiff inkl. Krabbenbüfett für 400 nkr und Jazztour mit Krabbenbüfett und Livemusik für 400 nkr (beide Mitte Juni–Mitte Aug.). Für Teilnehmer unter 16 Jahre werden 50 % Rabatt gewährt, unter 4 Jahre sind die Touren gratis.
❯ **HMK Sightseeing**, Tel. 22789400, www.hmk.no. Bustouren unterschiedlicher Länge.
❯ **Oslo Toget**, www.oslotoget.no, Tel. 67972060, Juni–Sep. 10–19 Uhr alle 30 Minuten ab der Aker Brygge ⓭, Preis: 70 nkr, Kinder ab 3 Jahre 30 nkr. Der 1989 gebaute Nostalgiezug auf Rädern fährt die Stationen Aker Brygge, Karl Johans gate, Kvadraturen und Festung Akershus an.

> **Oslo City Walks**, www.oslocitywalks.no, Tel. 22144974, 100 nkr/Pers. Zweistündige Stadtrundgänge durch das Zentrum, mit Ausflügen zum Vigelandspark und zum Holmenkollen.
> **HeliWing Helikopter Sightseeing**, Tel. 98095000, www.heliwing.no, ca. 1000 nkr/Pers. bei mindestens drei Teilnehmern. Rundflüge über den inneren Oslofjord.

Telefonieren

Vorwahlen: nach Deutschland 0049, nach Österreich 0043, in die Schweiz 0041, nach Norwegen 0047.

In Norwegen gibt es **keine Ortsvorwahl**. Diese ist in die achtstellige Teilnehmernummer integriert. Nummern mit Extrakosten beginnen mit einer 8, Handynummern mit 9 oder 4. **Notrufnummern** s. S. 115.

Öffentliche Telefone akzeptieren meist nur noch Kreditkarten. Bei Gesprächen mit dem **Handy** (das eigene Handy kann problemlos genutzt werden) muss immer die jeweilige Landesvorwahl vorgewählt werden. Es fallen dabei recht hohe Roaminggebühren an. Bei einem längeren Aufenthalt lohnt der Erwerb einer norwegischen SIM-Karte *(SIM-kort)*. Diese gibt es an allen Tankstellen und Kiosken. Als Nutzer muss man sich registrieren lassen, d. h. einen Anmeldezettel ausfüllen, den der Verkäufer an die Zentrale faxt.

Uhrzeit

Auch in Norwegen gilt die MEZ bzw. MESZ, Reisende aus Deutschland Österreich oder der Schweiz müssen die Uhren daher in keinem Fall umstellen.

Unterkunft

Oslos Übernachtungspreise sind nicht gerade als günstig zu bezeichnen und liegen, je nach Standard, etwa 30 bis 75 % über dem deutschen Durchschnitt. Besonders teuer wird es bei Großveranstaltungen wie den Holmenkollen-Festspielen (s. S. 9). Im Sommer (Ende Juni bis Mitte August) gibt es hingegen oft Rabattaktionen, weil in dieser Zeit keine Kongresse stattfinden.

Alle großen Hotels und viele Privatunterkünfte können über die Touristeninformation (s. S. 111) gebucht werden. Ein besonderes Angebot ist dabei das „Oslo Paket" (Buchung über www.visitoslo.no): Es umfasst eine Hotelübernachtung und den Oslo Pass (s. S. 110) für vier Tage. Ein Doppelbettzimmer inkl. Pass für 2 Personen bekommt man so schon ab 1200 nkr.

Da die **Unterkunftskapazitäten begrenzt** sind, empfiehlt es sich, früh zu buchen, speziell bei **Jugendherbergen**. Die heißen in Norwegen *Vandrerhjem*, haben meist Hotelstandard und stehen allen Altersgruppen offen.

Preiskategorien Unterkünfte

Preis für ein Doppelbettzimmer (DZ) mit Frühstück (Pensionen oft ohne Frühstück)

€	bis 600 nkr (bis ca. 75 €)
€€	600–850 nkr (ca. 75–110 €)
€€€	850–1200 nkr (ca. 110 €–150 €)
€€€€	1200–1600 nkr (ca. 150 €–200 €)
€€€€€	ab 1600 nkr (ab ca. 200 €)

Praktische Reisetipps
Unterkunft

Empfehlenswert ist auch die Seite **www.bbnorway.com**, auf der günstige Bed-and-Breakfast-Unterkünfte (DZ ab 500 nkr) gelistet sind. Gute Angebote findet man auch direkt auf den Websites der großen Hotelketten. Besonders für den Sommer kann man hier bei rechtzeitiger Buchung Doppelbettzimmer ab 800 nkr „erwischen":

› www.thonhotels.no, www.choicehotels.no, www.firsthotels.no, www.norlandia.no, www.radissonblu.no

Hotels

Falls nicht explizit anders angegeben, liegen alle im Folgenden aufgelisteten Hotels im Zentrum Oslos.

130 [L9] **Best Western Hotel Bondeheimen** €€€€, Rosenkrantz' gate 8, Straßenbahn 11, 17, 18 bis Tinghuset, Tel. 23214100, Fax 23214101, www.bondeheimen.com, bei Internetbuchung oft DZ für 1100 nkr. Stilvolles Haus, das ehedem für Bauern *(bonde)* eröffnet wurde. 127 moderne, gemütliche Zimmer, Restaurant „Kaffistova".

131 [M11] **Clarion Collection Hotel Bastion** €€€€-€€€€€, Skippergaten 7, unweit dem Hbf., T-bane-Haltestelle Jernbanestasjon, Tel. 22477700, Fax 22331180, www.hotelbastion.no, bei Internetbuchung DZ teils ab 1200 nkr. Traditionsreiches Haus mit alter Fassade und neuem Innenleben. Geschmackvolle Zimmer, von denen jedes einzigartig ist. Gemütliche, stilvolle Aufenthaltsräume. Restaurant.

132 [M10] **Clarion Hotel Royal Christiania** €€€€-€€€€€, Biskop Gunnerus gate 3, schräg gegenüber dem Hbf., T-bane-Haltestelle Jernbanetorget, Tel. 23108090, Fax 23108080, www.clarionroyalchristiania.no, bei Internetbuchung DZ teils ab 1000 nkr. Das Hotel entstand im Zuge der Olympischen Winterspiele 1952 und wurde seitdem mehrmals grundlegend saniert. Toller überdachter Innenhof. Von den oberen Etagen bieten sich schöne Ausblicke über Oslo. Wellnessbereich, eigene Tiefgarage, Restaurant.

133 [L11] **First Hotel Grims Grenka** €€€€€, Kongens gate 5, Straßenbahn 12, 13, 19, Tel. 23107200, Fax 23107210, www.firsthotels.com/no/Norsk/Norge/Oslo/First-Hotel-Grims-Grenka. 2008 eröffnetes Designhotel, dessen 40 individuell gestaltete, ansprechende Zimmer klare Linien und ein raffiniertes Lichtkonzept aufweisen. Lounge mit Aussicht auf dem Dach. Das Qualitätsrestaurant Madu folgt dem Konzept „Nordic Rwa" – die Speisen werden demnach kalt oder bei niedriger Temperatur zubereitet.

134 [L10] **Grand Hotel Oslo** €€€€€, Karl Johans gate 31, T-bane-Haltestelle Stortinget, Tel. 23212000, www.grand.no. Das Grand Hotel ist meist das erste Haus am Platz, so auch in Oslo. Zum ersten Mal öffnete die Nobelherberge ihre Türen im Jahr 1874. Obgleich es seit dieser Zeit des Öfteren umgebaut wurde, ging nichts vom Charme des Hauses verloren.

▶ *Nirgendwo anders lässt es sich so stilvoll residieren wie im Grand Hotel*

Praktische Reisetipps
Unterkunft

Berühmte Gäste machten hier schon ihre Aufwartung, z. B. der Polarforscher Fridtjof Nansen, der Schiftsteller Henrik Ibsen oder US-Präsident Barack Obama. Die verschiedenen Salons sind ebenso individuell gestaltet wie die 290 Zimmer, die z. T. von norwegischen Künstlern ausgestaltet wurden. Gutes Restaurant, legendäres Café, drei Bars. Umfassende Spa-Abteilung mit diversen Anwendungen, Schwimmbad und Sauna.

135 Holmenkollen Park Hotel Rica €€€€€, Kongeveien 26, direkt am Holmenkollen gelegen, T-bane 1 bis Holmenkollen (20 Min.), Tel. 22922000, Fax 22146192, www.holmenkollenpark hotel.no, bei Internetbuchung DZ teils ab 1500 nkr. Die ältesten Teile dieses eleganten Holzhotels datieren auf das Jahr 1894 zurück. Das im nationalromantischen Drachenstil erbaute Haus liegt unweit der Holmenkollen-Schanze mit dem Wald direkt vor der Haustüre. Elegante Zimmer, Wellness, Fitnesscenter, Gourmetrestaurant, Kaminzimmer, urgemütliche Aufenthaltsräume.

136 [K10] **Hotel Continental** €€€€€, Stortingsgaten 24–26, T-bane-Haltestelle Nationaltheater, Tel. 22824000, Fax 22429689, www.hotel-continental.no, Wochenende DZ z. T. ab 1700 nkr bei Internetbuchung. Das sich schon seit 4 Generationen in Familienbesitz befindliche Luxushotel ist eine Osloer Institution, gehört zur Hotelgruppe „The Leading Hotels of the World" und weist eine dementsprechend komfortable Ausstattung auf. Die Zimmer sind alle individuell eingerichtet. Zum stilvollen Haus gehört auch das berühmte „Theatercaféen".

137 [L9] **P-Hotels** €€€, Grensen 19, Straßenbahn 11, 17, 18 bis Tinghuset, Tel. 23318000, www.p-hotels.no, nur über das Internet buchbar. Für den Preis ein gutes Hotel mit modernen Zimmern und zentraler Lage.

138 [N10] **Radisson Blu Plaza Hotel** €€€€, Sonja Henies plass 3, direkt neben Hbf., T-bane-Haltestelle Jernbanetorget, Tel. 22058000, Fax 22058010, www.radissonblu.com/plazahotel-oslo, bei Webbuchung DZ ab 1300 nkr. Gläserner Hotelturm neben dem Bahnhof. Schnörkellose, aber schöne Zimmer. Sky Bar und mediterranes Restaurant in der 34. Etage – toller Ausblick. Pool und Sauna.

139 [K8] **Radisson Blu Scandinavia Hotel** €€€€, Holbergs gate 30, Straßenbahn 11, 17, 18 bis Holbergs plass, Tel. 23293000, www.radissonblu.com/scandinaviahotel-oslo, bei Internetbuchung DZ ab 1100 nkr. Modernes Komforthotel mit Zimmern in unterschiedlichen Stilen. Bar mit Panoramablick in der 21. Etage. Schwimmbad.

056oo Abb.: ms

Praktische Reisetipps
Unterkunft

🏨 **140** [M10] **Thon Hotel Astoria** €€€, Dronningens gate 21, nahe der Domkirche, Tel. 24145555, Fax 22425765, www.thonhotels.no. Einfaches Hotel ohne große Schnörkel. WLAN.

🏨 **141** [L9] **Thon Hotel Bristol** €€€€, Kristian IVs gate 7, Straßenbahn 11, 17, 18 bis Tinghuset, Tel. 22826000, Fax 22826001, www.bristol.no. Traditionshotel mit eleganten Aufenthaltsräumen und gediegenen Zimmern. Exklusive Suiten. Säle und Salons mit Kronleuchtern, viel Atmosphäre und dem besten Kakao der Stadt. Sauna, Solarium und Wellness.

🏨 **142** [I7] **Thon Hotel Gyldenløve** €€€, Bogstadveien 20, zwischen Schloss und Majorstuen, Straßenbahn 11, 19 bis Rosenborg, Tel. 23332300, Fax 23332303, www.thonhotels.no, bei Internetbuchung DZ meist 1000 nkr. Das 2007 renovierte und dabei mit modernem Interieur versehene Hotel „Goldener Löwe" liegt inmitten West-Oslos. Es dominiert skandinavische Sachlichkeit, ohne ungemütlich zu wirken. WLAN.

🏨 **143** [L9] **Thon Hotel Munch** €€€, Munchs gate 5, Straßenbahn 11, 17, 18 bis Tinghuset, Tel. 23080200, Fax 23219601, www.thonhotels.no, bei Internetbuchung DZ oft ab 890 nkr, Sommerspecials. Einfaches Hotel mit akzeptablen, etwas älteren Zimmern. Für den Preis darf man nicht allzu viel erwarten. WLAN.

🏨 **144** [N11] **Thon Hotel Opera** €€€-€€€€, Dronning Eufemias gate 4, zwischen Hbf. und Oper, T-bane-Haltestelle Jernbanetorget, Tel. 24103030, Fax 24103010, www.thonhotels.no. Modernes, neu erbautes Hotel neben der Oper. Schnörkelloses Design, aber gemütlich. Gutes Restaurant, Bar.

🏨 **145** [K8] **Thon Hotel Slottsparken** €€€, Wergelandsveien 5, am Schloss, T-bane-Haltestelle Nationaltheatret, Tel. 23256600, Fax 23256650, www.thonhotels.no. Sachlich eingerichtetes Hotel neben dem Schloss. Im Sommer oft Sonderangebote, WLAN.

Pensionen und Gästehäuser

🏠 **146** **Amboise B&B** €, Østbyfaret 9 D, T-bane 3 (Mortensrud) bis Ulsrud (15 Min.), einige Meter dem Ulsrudveien nach Westen folgen, die nächste Straße links und sogleich wieder links, Tel. 99237799, http://home.online.no/~amboise. Das Haus einer Architektin in Waldnähe beherbergt zwei gemütliche DZ (650 nkr inkl. Frühstück). Garten, Terrasse, Parkplatz. Im Sommer kann für 550 nkr in einer mongolischen Jurte im Wald übernachtet werden.

🏠 **147** [E12] **Bygdøy Bed & Breakfast** €€, Mellbyedalen 3 auf Bygdøy, Bus 30 (Bygdøy) ab Hbf. bis Folkemuseet, Tel. 97561379, E-Mail: jo-br@online.no. Zentral auf der Museumshalbinsel Bygdøy gelegen. Gemütliche Privatunterkunft mit 3 DZ (850 nkr) und einer Wohnung mit Küche für 2–4 Gäste. Frühstück inkl., Garten, Parkplatz.

🏠 **148** [J8] **Cochs Pensjonat** €€, Parkveien 25 (Ecke Hegdehaugsveien), Straßenbahn 11 bis Welhavens gate, dann noch 100 m geradeaus, Tel. 23332400, Fax 23332410, www.cochspensjonat.no, DZ ohne eigenes Bad 720 nkr, mit Bad ab 880 nkr. Die zentral, direkt am Schlosspark gelegene, frisch renovierte Pension

◀ *Ein Hotel mit Weitblick: das Radisson Blu Plaza*

Praktische Reisetipps
Unterkunft

bietet Zimmer in drei Preisklassen, von einfach bis „Hotelstandard". Die besseren haben auch TV und Küchenecke, zudem gibt es 3- und 4-Bett-Zimmer. Frühstück kann für 65 nkr im benachbarten Café eingenommen werden. Empfehlenswerte Traditionsunterkunft, vor allem für jüngere Reisende, die schon so manchem „heimatlosen" Künstler der Stadt Unterschlupf bot. Die Räume zur Straße hin sind weniger ruhig gelegen.

149 [Q10] **Den Blå Dør B&B** €, Skedsmogata 7, Bus 60 (Tonsenhagen) ab Hbf. bis Kampen Kirche (12 Min.), Tel. 22199944, www.bbnorway.com/hosts/02.denblador.html. Im Stadtteil Kampen gelegen, gemütliche Unterkunft mit der „Blauen Tür". 3 einfache Zimmer (600 nkr) ohne eigenes Bad in kleinem Holzhaus.

150 [I7] **Ellingsen's Pension** €€, Holtegata 25, Straßenbahn 19 bis Uranienborgveien, Tel. 22600359, Fax 22609921, www.ellingsenspensjonat.no, DZ ohne eigenes Bad ab 560 nkr, mit Bad 670 nkr. Kleine, ansprechende Pension in einer Villa in bester Lage zwischen Schloss und Vigelandspark.

151 [G7] **Frogner Bed & Breakfast** €€, Kirkeveien 5, Straßenbahn 12 bis Frogner plass, Tel. 92420365, www.frognerbb.no. 5 einfache, aber doch gemütliche Zimmer unter dem Dach einer Villa am Vigelandspark. 2 Zimmer können zu einem verbunden werden, 3 Zimmer verfügen über eine Küchenecke. Frühstück kann dazugebucht werden. Kostenloser Parkplatz.

152 [L5] **Gjestehuset Lovisenberg** €€-€€€, Lovisenberggata 15 A, Bus 37 (Richtung Nydalen) ab Hbf. bis Lovisenberggt. (10 Min.), der Lovisenberggt. folgen und nächste Str. nach rechts, Tel. 22358300, http://gjestehuset.lovisenberg.no, DZ ohne eigenes Bad 500 nkr, mit Bad 800 nkr. Einfaches, sauberes Gästehaus der Diakonie mit schlichten, aber netten Zimmern. Schöne Lage inmitten einer Grünanlage. Aufenthaltsraum mit TV und Internet. Frühstück 50 nkr.

153 **Maridalsveien 303** €, Bus 54 (Kjelsås stasjon) ab Hbf. bis Blåsbortveien (15 Min.), Tel. 90013661, www.hasleveien.com, DZ 450 nkr, Bett 300 nkr, keine Kreditkartenzahlung, keine Hunde erlaubt. Kleine, gemütliche Privatunterkunft in Holzhaus mit Garten und Küche. Nette Zimmer, teils mit TV, aber ohne eigenes Bad.

154 [N7] **Overnatting Oslo** €, Steenstrupsgate 1 (Grünerløkka), Tel. 23234910, www.overnattingoslo.no. Buchung nur per Internet, dafür gute Zimmer schon ab 450 nkr (min. 3 Nächte).

155 [L11] **Perminalen** €€, Øvre Slottsgate 2, Straßenbahn 12 bis Christiania Torv, Tel. 24005500, Fax 24005501, www.perminalen.no, Bett im 4-Bett-Zimmer 380 nkr, DZ 860 nkr, 3-Bett-Zimmer 1140 nkr, 4-Bett-Zimmer 1520 nkr. Im Viertel Kvadraturen, nahe dem Platz Christiania Torv gelegen. Einfache, aber saubere Unterkunft mit schlichten Zimmern, die meisten mit TV. Frühstück, Aufenthaltsraum, WLAN.

156 [F8] **Residence Kristinelund** €€-€€€, Kristinelundveien 2, Bus 30 (Bygdøy) ab Hbf. bis Olav Kyrres plass (15 Min.), Tel. 40002411, Fax 22446611, www.kristinelund.no. Zwischen Vigelandspark und Bygdøy gelegene, empfehlenswerte Pension in großer Villa. 24 stilvolle, gemütliche Zimmer mit TV, aber ohne eigenes Bad. Gratis WLAN. Frühstück inklusive, außerdem Spielplatz, Garten, kostenloser Parkplatz.

157 [G7] **Villa Frogner** €€€, Nordraaksgt. 26, Straßenbahn 12 bis Vigelandsparken, nahe Vigelandspark, www.bedandbreakfast.no, Tel. 22561960, Fax 22560742, Rabatt bei Langzeitmiete. Bed and Breakfast in alter Villa in bester Lage. Große, teils mondäne, familiäre und gemütliche Zimmer mit TV und WLAN. Sauna, kostenloser Parkplatz.

Praktische Reisetipps
Unterkunft

Jugendherbergen und Hostels

158 [N9] **Anker Hostel** €, Storgata 55, Straßenbahn 12, 13 bis Hausmannsgate, ab Hbf. 10 Min. zu Fuß, Tel. 22997200, Fax 22997220, www.ankerhostel.no, Bett ab 210 nkr, DZ ab 600 nkr, Sommerspecials. 50 saubere, aber sehr einfache, hellhörige Zimmer in großem Hotelklotz, teils mit Küche, alle mit eigenem Bad. Das umfassende Frühstück ist nicht inklusive. Bettwäsche 50 nkr oder selbst mitzubringen, Schlafsack nicht zugelassen. WLAN, Waschraum, Parkplatz (preiswerte Parktickets an der Rezeption).

159 [R2] **Oslo Vandrerhjem Haraldsheimen** €-€€, Haraldsheimveien 4, T-bane 6 (Ringen) bis Sinsen (8 Min.), Ausgang Hans Nilsen Hauges gate, dann in Richtung des großen Kreisverkehrs, den unterqueren und an der Grünfläche rechts halten (500 m), alternativ Straßenbahn 17 bis Sinsenkrysset (13 Min.), Flughafenbus bis Sinsenkrysset, dann die Treppe runter, Auto: Ring 3 bis Sinsenkrysset, www.haraldsheim.no, Tel. 22222965, DZ 540–630 nkr, Bett ab 245 nkr, geöffnet: 2.1.–23.12. Empfehlenswerte Jugendherberge mit recht schönen Zimmern. Gutes Frühstück inkl., Bettwäsche 50 nkr oder die eigene mitbringen, Schlafsack nicht erlaubt. Familienzimmer, Aufenthaltsraum, Küche, Kaminzimmer mit TV und Bibliothek, WLAN, Waschmaschine, Trockner, kostenloser Parkplatz.

160 **Oslo Vandrerhjem Rønningen** €-€€, Myrerskogveien 54, Straßenbahn 11, 12, 13 bis Storo, dann mit Bus 56 bis Rønningen (fährt nur einmal pro Stunde), Tel. 21023600, www.hihostels.no, DZ 740 nkr, Bett 230 nkr, geöffnet: ca. 1. Juni bis 17. August. Einfache Jugendherberge in einer Schule mit Aufenthaltsraum, Waschmaschine und kostenloser Parkplatz.

161 **Vandrerhjem Holtekilen** €-€€, Micheletsvei 55, Bus 151, 153, 161, 162, 252 und 261 ab dem Busterminal bis Kveldsroveien, über die Brücke Richtung Wasser, Tel. 67518040, www.hihostels.no, DZ 630 nkr, Bett 250 nkr, geöffnet: ca. 1.4.–21.8. 8 km westlich Oslos in Stabekk gelegene einfache Jugendherberge in einer Schule, nahe der Autobahn E18, aber auch nahe dem Wasser. Alle Zimmer mit eigenem Bad, auch 4-Bett-Zimmer (Frühstück inkl.). Küche, Aufenthaltsraum, Waschmaschine, Internetzugang, kostenloser Parkplatz.

Campingplätze

162 **Bogstad Camping** €-€€, Ankerveien 117, T-bane 2 (Østerås) bis Røa (15 Min.), dann Bus 32 (Voksen skog) bis Bogstad Camping (4 Min.) oder 15 Min. zu Fuß, Auto: an der E 18 Richtung Drammen ausgeschildert, Tel. 22510800, Fax 22510850, www.bogstadcamping.no, Hütte 500–1400 nkr, je nach Größe. Der Platz liegt unterhalb des Holmenkollen idyllisch am See Bogstadvannet. Schöne Stellplätze, ältere Sanitäranlagen, in Stoßzeiten überfüllt. Küche. Winterisolierte, ältere Hütten: Minihütten ohne Bad für 2 Personen, die größeren haben Platz für 4 Gäste und Bad. Bettwäsche 60 nkr oder eigener Schlafsack. Der Standard der Hütten ist okay, oft etwas muffig. Spielplatz und Supermarkt um die Ecke.

163 [Q14] **Ekeberg Camping** €, Ekebergveien 65, Bus 34 (Ekeberg Hageby) bis Ekeberg Camping, Tel. 22198568, Fax 22670436, www.ekebergcamping.no, geöffnet: 1.6.–1.9. Stadtnaher Platz mit herrlichem Blick über Oslo. Keine Hütten, aber Kiosk, Minigolf und Küche. Zu wenige, seit vielen Jahren nicht sanierte Sanitäranlagen. Spielplatz in schlechtem Zustand. Oft feierfreudige Gäste. Ende Juli bis Anf. Aug. anlässlich des Norway Cups (s. S. 9) komplett überlaufen.

Verhaltenstipps

Im Grunde gelten die gleichen Verhaltensregeln wie zu Hause auch, außer dass es in Norwegen zuweilen deutlich informeller zugeht. **Man duzt sich** in aller Regel und spricht sich mit dem **Vornamen** an. Getragen werden darf, was einem gefällt. Nur an Feiertagen und in ausgewählten Restaurants der Oberklasse sollte man feinere **Garderobe** wählen. Im Zweifelsfall ist man eher zu chic als zu lässig gekleidet.

Bei Besuchen ist ein kleines Mitbringsel immer gerne gesehen. Eine Flasche Wein oder andere qualitativ höherwertige Alkoholika kommen bei vielen gut an, wobei es durchaus einige Norweger gibt, die keinen Alkohol mögen. Dann sind Spezialitäten aus der Heimat eine gute Alternative. Betritt man die Wohnung des Gastgebers, werden immer die Schuhe ausgezogen.

Verkehrsmittel

Das **Nahverkehrsnetz** der Osloer Verkehrsgesellschaft „Ruter" ist **gut ausgebaut,** wobei in der Ferienzeit von Ende Juni bis Anfang August die Abfahrtszeiten reduziert werden. Der Fuhrpark wird derzeit kontinuierlich erneuert und meist sind die Verkehrsmittel **pünktlich und sauber,** was bis vor wenigen Jahren eher nicht der Fall war.

Wichtigstes Transportmittel ist die **T-bane (Tunnelbane),** die das Zentrum als U-Bahn unterquert, ansonsten aber eher einer S-Bahn gleicht. Es gibt sechs T-bane-Linien, die alle die innerstädtischen Haltestellen Majorstuen, Nationaltheatret, Stortinget, Jernbanetorget (Hbf.), Grønland und Tøyen bedienen. Zudem verkehren hier sechs **Straßenbahnlinien** *(trikk).* Auf den **Bus** *(buss)* muss man eigentlich nur in wenigen Fällen zurückgreifen, z. B. bei Fahrten Rich-

tung Bygdøy. **Passagierboote** *(båt)* verkehren vom Anleger südlich der Festung Akershus zu den Inseln im Oslofjord ⓯ und im Sommer ab dem Kai vor dem Rathaus zur Halbinsel Bygdøy (s. S. 66).

Zentraler Verkehrsknotenpunkt ist der **Hauptbahnhof** (Jernbanetorget) [M10]. Hier halten alle Straßenbahnen und nahezu alle Busse (entweder direkt vor dem Haupteingang oder neben dem Hbf. in Richtung des Einkaufszentrums Oslo City in der Biskop Gunnerusgate).

Wichtig: **Tickets immer vorab kaufen**, z. B. am Automaten, am Kiosk (Narvesen-Kioske im Hbf. und in den Einkaufszentren) oder im Trafikanten, der Verkehrszentrale am Hauptbahnhof. Kauft man das Ticket beim Fahrer, ist es wesentlich teurer! **Preise:** Einzelticket *(enkelbillett)* 26 nkr, beim Fahrer gekauft 40 nkr, 8-Fahrten-Karte *(flexikort)* 190 nkr, 24-Stunden-Ticket *(24-timersbillett)* 70 nkr, 7-Tages-Ticket *(7-dagersbillett)* 210 nkr (Kinder und Rentner immer halber Preis). Bei Fahrten über die Stadtgrenze hinaus (z. B. Henie Onstad Kunstsenter ⓰) greift die Einteilung des Großraums Oslo in Zonen, die Einzeltickets kosten dann 30 bis 120 nkr. Busse, die über die Stadtgrenzen hinaus fahren, starten am Busterminal neben dem Hbf.

❶ **164** [M11] **Trafikanten**, geöffnet: Mo.–Fr. 7–20 Uhr, Sa./So. 8–20 Uhr (Okt.-Apr. bis 18 Uhr), www.trafikanten.no. Zentrales Verkehrsbüro der Gesellschaft Ruter, im Keller des grünen Uhrenturms vor dem Hauptbahnhof (Jernbanetorget 1).

◀ *Zur Museumshalbinsel Bygdøy (s. S. 66) kann man vom Zentrum aus auch gemütlich mit der Fähre schippern*

Taxis sind vergleichsweise schwer zu bekommen. Vor allem freitag- und samstagnachts bilden sich an den Sammelstellen lange Schlangen. Am besten vorab bestellen: Oslo-Taxi Tel. 02323 oder 22388090, www.oslotaxi.no. Je km rund 12 nkr, Mindestbetrag 65–75 nkr.

Wetter und Reisezeit

Oslo ist **zu jeder Jahreszeit eine Reise wert.** Der **Winter** hält meist Mitte/Ende Dezember Einzug. Ab einer Höhe von 200 m liegen dann in aller Regel bis Anfang April 20–50 cm Schnee. In der Stadt selbst hat die weiße Pracht, vor allem direkt am Fjord, nicht immer Bestand. Die Temperaturen variieren zwischen +5 und –5 °C, wobei in kalten Wintern auch –15 °C erreicht werden können. Dieser Wert fühlt sich dann ziemlich frisch an, da der Fjord oft nicht zugefroren ist und so die Luft mit Feuchtigkeit anreichert. Ist er an den Rändern mit Eis bedeckt, kann man auf dem Fjord zeitweise auch eislaufen.

Die ersten Frühjahrsblüher zeigen sich in der Stadt Anfang April, wobei erst gegen Ende des Monats die Bäume anfangen zu grünen. Die schönste Zeit im **Frühling** ist um den Nationalfeiertag (17. Mai) herum. Die Quecksilbersäule beginnt ab März dauerhaft Pluswerte zu erreichen und pendelt zwischen 5 und 15 °C. Im Mai kann es an einzelnen Tagen auch über 20 °C warm werden, wobei es in Ausnahmejahren auch schon zu Schneefällen kam. (Der Autor bereist Oslo am liebsten im März, Mai und Juli.)

Der Juni kann schon als **Sommermonat** gezählt werden, ist aber von den Temperaturen her gerne recht

Praktische Reisetipps
Wetter und Reisezeit

launisch. 12 °C sind ebenso möglich wie 25 °C. Die wärmsten Tage werden meist im Juli und Anfang August verzeichnet. 30 °C sind „drin", wenngleich nicht die Regel. Am ehesten werden es tags 20–23 °C und nachts 12–16 °C sein. Die Wassertemperaturen liegen dann je nach Gewässer und Jahr bei 18–23 °C. Der Sommer geht Mitte/Ende August mit Werten um die 15 °C zu Ende.

Herbstlich wird es in den Wäldern um Oslo Anfang September, im Ort selbst Mitte/Endes des Monats. Bis Mitte Oktober sind meist alle Blätter gefallen und es beginnt die Zeit des Wartens auf den ersten Schnee. Die Temperaturen liegen zu Beginn des Herbstes bei 10–18 °C, ab Oktober dann bei 5–10 °C. Es kann nun auch den ersten Nachtfrost geben.

Niederschlag: Im Jahr fallen im Zentrum durchschnittlich 763 mm (Berlin: 581 mm). Die Raten nehmen jedoch innerhalb der Stadt in Richtung der Berge der Nordmarka zu, am Holmenkollen kommen so schon rund 1000 mm zusammen. Die niederschlagsärmsten Monate sind Februar (37 mm) und April (41 mm).

Der meiste Regen fällt im Sommer und Herbst: Juli (81 mm), August (89 mm), September (90 mm), Oktober (84 mm).

Sonnenscheindauer: Mit rund 1800 Sonnenstunden pro Jahr liegt Oslo auf Augenhöhe mit Hamburg und Bremen. Im Winter ist die Innenstadt gerne nebelverhangen. Auch kann es bei Inversionswetterlagen zu „dicker Luft", also Smog, kommen.

Tageslicht: Anfang Dezember bis Ende Januar ist es 6 bis 7 Stunden hell. Die Sonne geht ca. um 9 Uhr auf und zwischen 15 und 16 Uhr unter und taucht die Stadt in ein herrliches goldgelbes Licht. Schon im Februar sind es wieder 8 Stunden Tageslicht, Anfang April stolze 13 Stunden und Anfang Mai ganze 16 Stunden. Die hellste Jahreszeit dauert von Anfang Juni bis Ende Juli an. Die Sonne verabschiedet sich dann erst gegen 22.30 Uhr, um schon kurz vor 4 Uhr wieder aufzugehen. Richtig dunkel wird es in dieser Zeit jedoch nicht.

▲ *Eiskunst vor dem Königlichen Schloss* ❻

Anhang

Kleine Sprachhilfe

Aussprache

d	meist stumm am Ende des Wortes
g	stumm vor „j", vor „i" als „j" sprechen, stumm bei „-ig"
h	stumm vor „j" und „v"
k	vor „i", „y", „ei" als „ch" sprechen
o	meist als „u" gesprochen
s	vor „l" und nach „r" meist ein „sch"
sk	vor „i", „y", „ei" als „sch" sprechen
sj	als „sch" sprechen
t	in der Kombination „tj" als „ch" sprechen; stumm bei bestimmten Substantiven und bei „det" (das)
u	als „ü" sprechen
v	als „w" sprechen, im Auslaut stumm oder „f"
æ	überoffenes „ä" wie in „bähh"
ø	„ö"
å	kehliges „o" wie in „Boot"

Häufig gebrauchte Wörter und Redewendungen

ja	(ja)	ja
nei	(nai)	nein
takk	(takk)	danke
tusen takk	(tüsen takk)	Tausend Dank
vær så snill	(wär schoo snill)	bitte (um etwas bitten)
vær så god	(wär schoo guu)	bitte (bitte schön)
Hei!	(hai)	Hallo!
Ha det bra!/ Ha det!	(ha de bra)/ (ha de)	Tschüss!
God dag!	(gu dag)	Guten Tag!
Unnskyld!	(ünnschüll)	Entschuldigung!
jeg	(jai)	ich
du	(dü)	du
han/hun	(han)/(hün)	er/sie
vi	(wii)	wir
dere	(dere)	ihr
de	(die)	sie

Zahlen

1	(een)/(ett)	en/ett
2	(too)	to
3	(tree)	tre
4	(fiire)	fire
5	(femm)	fem
6	(seks)	seks
7	(schü)/(tüwe)	sju oder tyve
8	(otte)	åtte
9	(nie)	ni
10	(tie)	ti
11	(ellwe)	elleve
12	(toll)	tolv
13	(tretten)	tretten
14	(fjurten)	fjorten
15	(femmten)	femten
16	(saisten)	seksten
17	(sötten)	sytten
18	(atten)	atten
19	(nitten)	nitten
20	(chüe)/(tüwe)	tjue
21	(chüe-een)/ (en-o-tüwe)	chueen oder en og tyve
30	(tettie)/ (tredwe)	tretti
40	(förtie)	førti
50	(femmtie)	femti
60	(sekstie)	seksti
70	(söttie)	sytti
80	(ottie)	åtti
90	(nittie)	nitti
100	(hündre)	hundre
200	(too-hündre)	tohundre
1000	(tüsen)	tusen

Die wichtigsten Zeitangaben

i går	(i goor)	gestern
i dag	(i daag)	heute
i morgen	(i murn)	morgen
i overmorn	(i owermurn)	übermorgen
om morgenen	(om murrenen)	morgens
om dagen	(om dagen)	tags
om ettermiddagen	(om ettermiddagen)	nachmittags
om kvelden	(om kwelln)	abends

om natten	(om natten)	nachts
daglig	(dagli)	täglich
tidligere	(tid-liere)	früher
senere	(seenere)	später
nå	(noo)	jetzt
tidlig	(tidli)	früh
klokka	(klokka)	Uhr
klokka tolv	(klokka toll)	Zwölf Uhr

Die wichtigsten Richtungsangaben

venstre	(wenstre)	links
til venstre	(till wenstre)	nach links
høyre	(höire)	rechts
til høyre	(till höire)	nach rechts
rett frem	(rett fremm)	gerade aus
sving til høyre	(swing till höire)	bieg rechts ab
til høyre for	(till höire for)	rechts von
ta første gate	(ta förschte gate)	nimm die erste Straße
her	(här)	hier
der	(där)	dort
hit	(hiit)	hierhin
dit	(diit)	dorthin
nær	(när)	nah
fjern	(fjärn)	fern
ved siden av	(we siden af)	neben
foran	(voran)	davor
bak	(baak)	dahinter
krysset	(krüsse)	die Kreuzung
trafikklyset	(trafikk-lüse)	die Ampel
på hjørnet	(poo jörne)	an der Ecke
i sentrum	(i sentrüm)	im Zentrum
utenfor byen	(ütenvor büen)	außerhalb der Stadt

Fragewörter

hva?	(wa)	was? (teils auch wie?)
hvem?	(wem)	wer?, wem?
hvor?	(wur)	wo?, vor Adjektiven auch wie?
hvordan?	(wurdan)	wie?
hvorfor?	(wurfor)	warum?
hvilken?	(wilken)	welcher?
når?	(noor)	wann?

Die wichtigsten Floskeln und Redewendungen

Hjertelig velkommen!	(jerteli welkommen)	Herzlich willkommen!
Hvordan går det?	(wurdan goor de)	Wie gehts?
Hvordan har du det?	(wurdan har dü de)	Wie gehts? (wörtl.: Wie hast du es?)
Takk, bra.	(takk bra)	Danke, gut.
Dårlig!	(doorli)	Schlecht!
Jeg heter ...	(jai heeter)	Ich heiße ...
Jeg kommer fra ...	(jai kommer fra)	Ich komme aus ...
Tyskland	(tüsklann)	Deutschland
Østerrike	(österriike)	Österreich
Sveits	(sweits)	Schweiz
Norge	(noorge)	Norwegen
Kan du gi meg ...?	(kan dü ji mai)	Kannst du mir geben ...?
Jeg trenger ...?	(jai trenger)	Ich brauche ...
Har du ...?	(har dü)	Hast du ...?

Anhang
Kleine Sprachhilfe

Det er syndt!	(de er sünd)	Das ist schade!
Hva koster det?	(wa koster de)	Was kostet das?
Jeg leter etter ...	(jai leter etter)	Ich suche nach ...
Hvor er ...?	(wur är)	Wo ist ...?
Hvor ligger ...?	(wur ligger)	Wo liegt ...?
jernbanestasjonen	(järnbanestaschuunen)	der Bahnhof
sentralstasjonen	(sentralstaschuunen)	der Hauptbahnhof
holdeplassen	(holleplassen)	die Haltestelle
kaia	(keia)	der Kai
Jeg skal til ...	(jai skal till)	Ich will nach ...
En billett til ...	(en billett till)	Eine Fahrkarte nach ...
Hva er klokka?	(wa är klokka)	Wie spät ist es?
Jeg er syk.	(jai er süük)	Ich bin krank.
Hjelp meg!	(jelp mai)	Hilf mir!

Nichts verstanden? – Weiterlernen!

Jeg snakker bare litt norsk/engelsk.	(jai snakker bare litt norschk/engelsk)	Ich spreche nur ein bisschen Norwegisch/Englisch.
Hva sier du?	(was sier dü)	Was sagst du? (Wie bitte?)
Jeg forstår ikke!	(jai forschtoor ikke)	Ich verstehe nicht!
Snakker det noen tysk her?	(snakker de nuen tüsk här)	Spricht hier jemand Deutsch?
Hva heter ... på norsk?	(wa heeter ... poo norschk)	Was heißt ... auf Norwegisch?
Hvordan uttaler man det?	(wurdan üt-taler man de)	Wie spricht man das aus?
Kan du gjenta?	(kan dü jenta)	Kannst du wiederholen?
Snakk langsommere.	(snakk langsommere)	Sprich langsamer.
Kan du skrive det opp?	(kan dü skriwe de opp)	Kannst du das aufschreiben?

Schreiben Sie uns

Dieser CityTrip-Band ist gespickt mit Adressen, Preisen, Tipps und Infos. Nur vor Ort kann überprüft werden, was noch stimmt, was sich verändert hat, ob Preise gestiegen oder gefallen sind, ob ein Hotel, ein Restaurant immer noch empfehlenswert ist oder nicht mehr usw. Unsere Autoren sind zwar stetig unterwegs und erstellen alle zwei Jahre eine komplette Aktualisierung, aber auf die Mithilfe von Reisenden können sie nicht verzichten.

Darum: Schreiben Sie uns, was sich geändert hat, was besser sein könnte, was gestrichen bzw. ergänzt werden soll. Wenn sich die Infos direkt auf das Buch beziehen, würde die Seitenangabe uns die Arbeit sehr erleichtern. Gut verwertbare Informationen belohnt der Verlag mit einem Sprechführer Ihrer Wahl aus der über 220 Bände umfassenden Reihe „Kauderwelsch".

Bitte schreiben Sie an:
REISE KNOW-HOW Verlag Peter Rump GmbH, Postfach 140666, D-33626 Bielefeld, oder per E-Mail an: info@reise-know-how.de

Danke!

Latest News
Unter **www.reise-know-how.de** werden regelmäßig aktuelle Ergänzungen und Änderungen der Autoren und Leser zum vorliegenden Buch bereitgestellt. Sie sind auf der Produktseite dieses CityTrip-Titels abrufbar.

Mit PC, Navi, iPhone & Co.

Als **kostenlosen Begleitservice** stellen wir unter **www.reise-know-how.de** auf der Produktseite dieses Titels folgende Daten und Anwendungen bereit.

★ **Alle Ortsmarken des Buches unter Google Maps™:** Springen Sie im Internet direkt aus unseren thematischen Listen an den genauen Punkt auf der Karte. Luftbildansichten, Fotos und die Streetview-Funktion zeigen ein genaues Bild des Objektes und seiner Umgebung. Weitere Funktionen wie Routenplaner und Verkehrsplan erleichtern die Orientierung vor Ort. Nutzbar auf allen Geräten mit Internetbrowser und permanentem Internetzugang.

★ **Faltplan als PDF mit Geodaten:** Nach dem Speichern auch mobil nutzbar auf allen Geräten mit PDF-Reader. Der aktuelle Acrobat Reader™ stellt Zusatzfunktionen für die Geodaten bereit. Für iPhone/iPad empfiehlt sich die App „PDF Maps" von Avenza™.

★ **GPS-Daten aller Ortsmarken:** einfacher Import in GPS-Geräte, Navis und Geosoftware auf PCs und mobilen Geräten

★ **Kapitel „Praktische Reisetipps" als PDF:** Nach dem Speichern auch mobil nutzbar auf allen Geräten mit PDF-Reader.

Darüber hinaus kann das Buch insgesamt oder eine persönliche **Auswahl einzelner Seiten als PDF käuflich erworben** werden. Nach dem Speichern auch mobil nutzbar auf allen Geräten mit PDF-Reader.

Aktuelle Tipps und Hilfe unter:
www.reise-know-how.de

REISE KNOW-HOW
das komplette Programm fürs Reisen und Entdecken

Weit über 1000 Reiseführer, Landkarten, Sprachführer und Audio-CDs liefern unverzichtbare Reiseinformationen und faszinierende Urlaubsideen für die ganze Welt – *professionell, aktuell und unabhängig*

Reiseführer: komplette praktische Reisehandbücher für fast alle touristisch interessanten Länder und Gebiete **CityGuides:** umfassende, informative Führer durch die schönsten Metropolen **CityTrip:** kompakte Stadtführer für den individuellen Kurztrip **world mapping project:** moderne, aktuelle Landkarten für die ganze Welt **Edition REISE KNOW-HOW:** außergewöhnliche Geschichten, Reportagen und Abenteuerberichte **Kauderwelsch:** die umfangreichste Sprachführerreihe der Welt **Kauderwelsch digital:** die Sprachführer als eBook mit Sprachausgabe **KulturSchock:** fundierte Kulturführer geben Orientierungshilfen im fremden Alltag **PANORAMA:** erstklassige Bildbände über spannende Regionen und fremde Kulturen **PRAXIS:** kompakte Ratgeber zu Sachfragen rund ums Thema Reisen **Rad & Bike:** praktische Infos für Radurlauber und packende Berichte von extremen Touren **sound)))trip:** Musik-CDs mit aktueller Musik eines Landes oder einer Region **Wanderführer:** umfassende Begleiter durch die schönsten europäischen Wanderregionen **Wohnmobil-TourGuides:** die speziellen Bordbücher für Wohnmobilisten

Erhältlich in jeder Buchhandlung und unter www.reise-know-how.de

Anhang **135**
Anzeige

www.reise-know-how.de

REISE Know-How online

Unser Kundenservice auf einen Blick:

Vielfältige Suchoptionen, einfache Bedienung

Alle Neuerscheinungen auf einen Blick

Schnelle Info über Erscheinungstermine

Zusatzinfos und Latest News nach Redaktionsschluss

Buch-Voransichten, Blättern, Probehören

Shop: immer die aktuellste Auflage direkt ins Haus

Versandkostenfrei ab 10 Euro (in D), schneller Versand

Downloads von Büchern, Landkarten und Sprach-CDs

Newsletter abonnieren, News-Archiv

Die Informations-Plattform für aktive Reisende

Register

A

Aker Brygge 56
Akersgata 81
Akershus 57
Alkohol 12
Amundsen, Roald 73
Anreise 104
Apotheke 113
Arbeidersamfunnets plass 87
Architekturmuseum 23
Arzt 112
Astrup-Fearnley-Museum 57
Auslandskrankenversicherung 112
Auto 104
Autofahren 107

B

Bærums Verk 100
Bahn 107
Barcode 36
Barrierefreiheit 109
Bars 21
Bekleidung 14
Benutzungshinweise 5
Bleikøya 61
Bogstad Gård 99
Bokmål 45
Botanischer Garten 93
Botschaften 109
Buchhandlungen 15
Bus 126
Bygdøy 66

C

Cafés 19
Campingplätze 125
Christiania 31
Christiania Torv 63
Chronik 31

D

Damstredet 83
Deichmanske bibliotek 82
Design 14
Diebstahl 115
Diplomatische Vertretungen 109
Diskotheken 22
DogA 86
Dom (Domkirke) 41

E

Egertorget 39
Einkaufen 12
Einkaufsstraßen 12
Einkaufszentren 12
Ein- und Ausreisebestimmungen 109
Einwohner 30
Ekeberg 91
Emanuel Vigeland Museum 96
Entspannung 27
Essen und Trinken 16
Events 9

F

Fähre 105
Fähren 127
Feiertage 10
Festivals 9
Festung Akershus 57
Filmmuseum 24
Fjordbyen 35
Fjordinseln 60
Flanieren 11
Flug 105
Flughäfen 105
Folketeater 87
Fram-Museum 73
Freilichtmuseum, Norwegisches 67

Fremdenverkehrsamt 111
Friedensnobelpreis 40, 52, 55
Friedensnobelpreiszentrum 55
Frognerpark 78
Frogner (Stadtteil) 76
Fundbüro 116

G

Gamle Aker Kirke 84
Gamlebyen (Stadtteil) 89
Gästehäuser 123
Gastronomie 17
Geldfragen 109
Geografie 30
Geologisches Museum 95
Geschichte 31
Getränke 16
Grand Hotel 40
Grensen 81
Gressholmen 60
Grønland (Stadtteil) 88
Grünerløkka (Stadtteil) 84

H

Hafen 38
Hafenumgestaltung 35
Handy 120
Hauptbahnhof 38
Henie Onstad Kunstsenter 101
Heyerdahl, Thor 72
Historisches Museum 48
Hjemmefrontmuseum 25
HL-Senteret 76
Holmenkollen 97
Holmenkollen Skifestival 9
Holzhausviertel 83
Hostels 125
Hotels 121
Hovedøya 60

Register

I

Ibsen, Henrik 54, 83
Ibsen-Museum 54
Immobilienpreise 34
Informationsquellen 111
Infostellen 111
Inseln im Oslofjord 60
Internet 112
Internettipps 112

J

Jernbanetorget 38
Jüdisches Museum 86
Jugendherbergen 125

K

Kalmarer Union 31
Kampen 94
Karl Johans gate 38
Kartenverlust 116
Kinder 114
Kinderkunstmuseum,
 Internationales 81
Kinos 22
Klima 127
Kneipen 21
Konflikte, soziale 34
Kon-Tiki-Museum 72
Konzert 22
Krankenhaus 112
Kreditkarten 109
Krone, Norwegische 109
Küche, norwegische 16
Kulinarischer
 Tagesablauf 17
Kulinarisches 16
Kunst 23
Kunstgalerien 26
Kunsthandwerk 15
Kunsthandwerks-
 museum 82
Kvadraturen 62

L

Lage der Stadt 30
Landsmål 45
Langøyene 61
Lebensmittel 12, 16
Lesben 117
Lille Tøyen 94
Lindøya 61
Literaturtipps 113
Livemusik 22
Lokale 17

M

Märkte 16
Medizinische
 Versorgung 112
Menschen mit
 Behinderung 109
Middelalderpark 91
Mietwagen 108
Minnepark 91
Mode 14
Monolith 80
Multikulturalität 34
Munch, Edvard 48, 83, 93
Munch-Museum 92
Museen 23
Museum für
 Gegenwartskunst 64
Museumshalbinsel
 Bygdøy 66

N

Nachtleben 21
Nakholmen 61
Nansen, Fridtjof 73
Nationalbibliothek 77
Nationalfeiertag 9
Nationalgalerie 48
Nationalromantiker 48
Nationaltheater 44
Naturhistorische Museen 93
Nobel, Alfred 55
Nordmarka 102
Norheim, Sondre 97
Norsk Teknisk Museum 102
Norwegische Krone 109
Norwegische Produkte 14
Norwegische Sprache 45
Notfall 113, 115
Notruf 115
Nynorsk 45

O

Öffnungszeiten 116
Oper 22, 65, 36
Oscarshall 75
Osebergschiff 69
Oslo-Gardermoen 106
Oslo Pass 110
Ostbahnhof 38
Ostern 9
Østkant 30

P

Parken 108
Park St. Hanshaugen 83
Parlamentsgebäude 43
Passagierboote 127
Pensionen 123
Pipervika 53
Polarschiff Fram 73
Polizei 116
Porto 116
Post 116
Preisniveau 16, 110
Preistipps 110
Projekt Fjordbyen 35
Publikationen 112

R

Radfahren 116
Rathaus 50
Rathaussaal 52

Anhang
Register

Rauchen 18
Raulandstua 69
Regierungsviertel 81
Reisezeit 127
Renzo Piano 57
Restaurants 17
Riksmål 45
Runen 50

S

Schlittschuhmuseum 25
Schloss, Königliches 46
Schwule 117
Seefahrtsmuseum,
  Norwegisches 74
Shopping 12
Sicherheit 117
Skimuseum 99
Skisprungschanze 97
Sofienbergpark 86
Sognsvann-See 102
Souvenirs 14
Spezialitäten 16
Spielplätze 114
Sport 118
Sprache 119
Sprachhilfe 130
Stabkirchenportale 49
Stabkirche von Gol 68
Stadtentwicklung 35
Stadtgeschichte 31
Stadtmuseum 80
Stadtspaziergang 8
Stadtteile 30
Stadttouren 119
Stadtwappen 42
Stenersenmuseet 53

Storting 43
Stortorvet 41
Strände 118
Straßenbahn 126
Straßenbahnmuseum 26
Studenterlunden (Park) 41
Sverdrup, Otto 73

T

Tagesgericht 16
Taxi 127
T-bane (Tunnelbane) 126
Technisches Museum 102
Telefonieren 120
Telthusbakken 84
Termine 9
Theater 22
Tjuvholmen 57, 36
Tostrupgården 40
Touristeninformation 111
Trefoldighetskirke 82

U

U-Bahn 126
Uhrzeit 120
Universität 45
Unterkunft 120

V

Vålerenga 94
Vår Frelsers Gravlund 83
Vegetarisch 18
Veranstaltungen 9
Verhaltenstipps 126
Verkehrsmittel 126

Verkehrssituation 107
Verteidigungsmuseum
  (Forsvarsmuseet) 24
Vestkant 30
Victoria terrasse 53
Vigeland, Gustav 78
Vigeland-Museum 81
Vigelandspark 78
Vinmonopol 12
Vogelzimmer 47
Vorwahlen 120

W

Währung 109
Wandern 118
Wechselkurs 109
Wessels plass 44
Wetter 127
Wikinger 71
Wikingerboote 70
Wikingerschiffsmuseum 69
Wintersport 118

Y, Z

Youngstorget 87
Zahnarzt 113
Zeitungen 112
Zoologisches Museum 95
Zug 107

Liste der Karteneinträge

❶ [L10] Karl Johans gate S. 38
❷ [M10] Dom (Domkirke) und Stortorvet S. 41
❸ [L10] Parlamentsgebäude S. 43
❹ [K9] Nationaltheater S. 44
❺ [K9] Universität S. 45
❻ [J9] Königliches Schloss S. 46
❼ [K9] Nationalgalerie S. 48
❽ [K9] Historisches Museum S. 48
❾ [K10] Rathaus S. 50
❿ [J10] Pipervika, Victoria terrasse und Stenersenmuseet S. 52
⓫ [J9] Ibsen-Museum S. 54
⓬ [J10] Friedensnobelpreis-zentrum S. 55
⓭ [I/J11] Aker Brygge/ Tjuvholmen S. 56
⓮ [L11] Astrup-Fearnley-Museum S. 57
⓯ [K12] Festung Akershus S. 57
⓰ [J16] Inseln im Oslofjord S. 60
⓱ [L11] Kvadraturen S. 62
⓲ [L11] Museum für Gegenwartskunst S. 64
⓳ [N11] Oper S. 65
⓴ [D12] Norwegisches Freilichtmuseum S. 67
㉑ [D12] Wikingerschiffs-museum S. 69
㉒ [F13] Kon-Tiki-Museum S. 72
㉓ [F13] Fram-Museum S. 73
㉔ [F13] Norwegisches Seefahrtsmuseum S. 74
㉕ [E11] Oscarshall S. 75
㉖ [C14] HL-Senteret S. 76
㉗ [J7/H9] Frogner S. 76
㉘ [G7] Frognerpark (Vigelandspark) S. 78
㉙ [G7] Stadtmuseum S. 80
㉚ [F7] Vigeland-Museum S. 81
㉛ [H4] Internationales Kinderkunstmuseum S. 81
㉜ [L9/10] Akersgata, Grensen und Trefoldighetskirken S. 81
㉝ [L8] Kunsthandwerks-museum S. 82
㉞ [L8] Vår Frelsers Gravlund S. 83
㉟ [M8] Damstredet S. 83
㊱ [M7] Gamle Aker Kirke und Telthusbakken S. 84
㊲ [N7] Grünerløkka S. 84
㊳ [N8] DogA S. 86
㊴ [N9] Jüdisches Museum S. 86
㊵ [M9] Youngstorget S. 87
㊶ [O10] Grønland S. 88
㊷ [P12] Gamlebyen S. 89
㊸ [P13] Ekeberg S. 91
㊹ [Q9] Munch-Museum S. 92
㊺ [P8] Botanischer Garten und Naturhistorische Museen S. 93
㊻ [E1] Emanuel Vigeland Museum S. 96
㊼ [Karte S. 142] Holmenkollen und Skimuseum S. 97
㊽ [Karte S. 142] Bogstad Gård S. 99
㊾ [Karte S. 142] Bærums Verk S. 100
㊿ [Karte S. 142] Henie Onstad Kunstsenter S. 101
(51) [Karte S. 142] Sognsvann und Nordmarka S. 102
(52) [Karte S. 142] Norsk Teknisk Museum S. 102

1 [M10] Vinmonopolet S. 12
2 [L10] Vinmonopolet S. 12
3 [L10] Eger Karl Johan S. 12
4 [M10] Glassmagasinet S. 12
5 [M10] Oslo City & Byporten S. 13
6 [K10] Paleet S. 13
7 [M10] Den Norske Husfliden S. 14
8 [L9] Heimen Husflid S. 14
9 [K10] Holm S. 14
10 [K9] Dale of Norway S. 14
11 [M10] Den kule Mage S. 14
12 [M10] Helly Hansen S. 14
13 [J10] House of Oslo S. 14
14 [N8] Liten & Tøff S. 14
15 [L10] Moods of Norway S. 14
16 [L10] Norrøna S. 15
17 [K10] Norway Designs S. 15

Anhang
Liste der Karteneinträge

- ⬛18 [N7] Probat S. 15
- ⬛19 [N8] Skaperverket S. 15
- ⬛20 [M10] Stormberg S. 15
- ⬛21 [L11] Damms Antikvariat S. 15
- ⬛22 [K9] Norli S. 15
- ⬛23 [K9] Norlis Antikvariat S. 15
- ⬛24 [M10] Pretty Price Antikvariat S. 15
- ⬛25 [L11] Galleri Format S. 15
- ⬛26 [N10] Grønland S. 16
- ⬛27 [H7] Vestkanttorvet S. 16
- ⬛28 [J8] Åpent Bakeri S. 16
- ⬛29 [N6] Birkelundens lille franske ostebutikk S. 16
- ⬛30 [L10] Deli de Luca S. 16
- ⬛31 [K10] Fenaknoken S. 16
- ⬛32 [N7] Godt Brød S. 16
- ⬛33 [M10] Rema 1000 S. 16
- 🍴34 [L11] Det Gamle Raadhus S. 17
- 🍴35 [L11] Engebret Café S. 17
- 🍴36 [K10] Eik Annen Etage S. 17
- 🍴37 [J11] Lofoten Fiskerestaurant S. 17
- 🍴38 [H6] Lofotstua S. 17
- 🍴39 [L10] Stortorvets Gjæstgiveri S. 18
- 🍴40 [N6] Sult S. 18
- 🍴41 [M9] Arakataka S. 18
- 🍴42 [H7] Bølgen & Moi S. 18
- 🍴43 [O14] Ekebergrestauranten S. 18
- 🍴44 [M9] Kjøkken og Bar S. 18
- 🍴45 [K10] Brasserie 45 S. 18
- 🍴46 [K10] Dolly Dimple's S. 18
- 🍴47 [K10] Egon S. 18
- 🍴48 [H5] Krishnas Cuisine S. 18
- 🍴49 [L10] Mona Lisa S. 18
- 🍴50 [H6] Nambo S. 19
- 🍴51 [M10] Peppes Pizza S. 19
- 🍴52 [O10] Punjab Tandoori S. 19
- ⚫53 [I7] Spisestedet S. 19
- ⚫54 [L9] Vega Cafe & Restaurant S. 19
- ⚫55 [L10] Byråkrat S. 19
- ⚫56 [M11] Café Pascal S. 19
- ⚫57 [L10] Coco Chalet S. 19
- ⚫58 [O6] Cocoa S. 19
- ⚫59 [L10] Grand Café S. 19
- ⚫60 [J8] Kafé Caffé S. 19
- ⚫61 [L10] Stockfleths S. 20
- ⚫62 [N6] Tea Lounge S. 20
- ⚫63 [K10] Theatercafeen S. 20
- ⚫64 [K10] The Fragrance of the Heart S. 20
- ⚫65 [K9] Ice Bar S. 20
- ⚫66 [L10] Bare Jazz S. 21
- ⚫67 [M10] Cafe Sør S. 21
- ⚫68 [L10] Ett Glass S. 21
- ⚫69 [J8] Litteraturhuset – Café Oslo S. 21
- ⚫70 [J8] Lorry S. 21
- ⚫71 [O10] Oslo Mekaniske Verksted S. 21
- ⚫72 [K8] Tullins S. 21
- ⚫73 [N8] Blå S. 22
- ⚫74 [O7] Café Mir S. 22
- ⚫75 [L9] Herr Nilsen S. 22
- ⚫76 [N7] Parkteatret S. 22
- ⚫77 [M9] Rockefeller S. 22
- ⚫78 [K10] Smuget S. 22
- ⚫79 [N10] Spektrum S. 22
- ⚫80 [L9] Det Norske Teatret S. 22
- ⚫81 [P11] Nordic Black Teatre S. 22
- ⚫82 [J10] Oslo Konserthus S. 22
- 🎬83 [H6] Colosseum S. 22
- 🎬84 [K10] Saga S. 22
- 🎬85 [G9] Gimle S. 22
- 🏛86 [L11] Architekturmuseum (Nationalmuseet – Arkitektur) S. 23
- 🏛87 [M11] Filmmuseum S. 24
- 🏛88 [L12] Verteidigungsmuseum (Forsvarsmuseet) S. 24
- 🏛89 [K11] Hjemmefrontmuseum S. 25
- 🏛90 [G6] Schlittschuhmuseum (Skøytemuseet) S. 25
- 🏛91 [H5] Straßenbahnmuseum S. 26
- 🖼93 [I8] Albin Upp S. 26
- 🖼94 [M9] Fotogalleriet S. 26
- 🖼95 [L11] Fotografiens Hus S. 26
- 🖼96 [K10] Kunstnerforbundet S. 27
- 🖼97 [J8] Kunstnernes Hus S. 27
- ⚫98 [L10] Halvorsens Conditori S. 43
- ⚫99 [O10] Asylet S. 89
- ●101 [O10] Parkhaus Galleriet Øst S. 108
- ●102 [O10] Parkhaus Grønlands Torg S. 108
- ●103 [J10] Avis S. 108

Anhang
Liste der Karteneinträge

- ●104 [J10] Europcar S. 109
- ●105 [K5] Oslo Bilutleie S. 109
- ●106 [I11] Rent a Wreck S. 109
- ❶107 [N10] Norges Handicapforbund S. 109
- ●108 [I8] Deutsche Botschaft S. 109
- ●109 [G9] Österreichische Botschaft S. 109
- ●110 [F8] Schweizer Botschaft S. 109
- ❶111 [M10] Turistinformasjon Trafikanten S. 111
- ❶112 [K10] Turistinformasjon Rathaus S. 111
- ❶113 [M10] UngInfo S. 111
- 📖114 [M9] Deichmanske Bibliotek S. 112
- @115 [K10] Saga Internetcafe S. 112
- ✚116 [N9] Oslo kommunale legevakt S. 113
- ✚117 [M9] Tannhelsetjenesten Oslo KF S. 113
- ✚118 [N10] Tannlegevakten S. 113
- ✚119 [M10] Vitusapotek S. 113
- ●121 [H6] Child Planet S. 115
- ●122 [O4] Hopp i Havet S. 115
- ●123 [L8] Oslo Reptilienpark S. 115
- ●124 [Q16] E.K.T. Rideskole/ Husdyrpark S. 115
- ▰125 [M9] Politi S. 116
- ●126 [P11] Hittegodskontoret S. 116
- ◐128 [L9] London Pub S. 117
- ◐129 [L9] Elsker S. 117
- 🏨130 [L9] Best Western Hotel Bondeheimen S. 121
- 🏨131 [M11] Clarion Collection Hotel Bastion S. 121
- 🏨132 [M10] Clarion Hotel Royal Christiania S. 121
- 🏨133 [L11] First Hotel Grims Grenka S. 121
- 🏨134 [L10] Grand Hotel Oslo S. 121
- 🏨136 [K10] Hotel Continental S. 122
- 🏨137 [L9] P-Hotels S. 122
- 🏨138 [N10] Radisson Blu Plaza Hotel S. 122
- 🏨139 [K8] Radisson Blu Scandinavia Hotel S. 122
- 🏨140 [M10] Thon Hotel Astoria S. 123
- 🏨141 [L9] Thon Hotel Bristol S. 123
- 🏨142 [I7] Thon Hotel Gyldenløve S. 123
- 🏨143 [L9] Thon Hotel Munch S. 123
- 🏨144 [N11] Thon Hotel Opera S. 123
- 🏨145 [K8] Thon Hotel Slottsparken S. 123
- 🏠147 [E12] Bygdøy Bed & Breakfast S. 123
- 🏠148 [J8] Cochs Pensjonat S. 123
- 🏠149 [Q10] Den Blå Dør B&B S. 124
- 🏠150 [I7] Ellingsen's Pension S. 124
- 🏠151 [G7] Frogner Bed & Breakfast S. 124
- 🏠152 [L5] Gjestehuset Lovisenberg S. 124
- 🏠154 [N7] Overnatting Oslo S. 124
- 🏠155 [L11] Perminalen S. 124
- 🏠156 [F8] Residence Kristinelund S. 124
- 🏠157 [G7] Villa Frogner S. 124
- 🛏158 [N9] Anker Hostel S. 125
- 🛏159 [R2] Oslo Vandrerhjem Haraldsheimen S. 125
- ⚠163 [Q14] Ekeberg Camping S. 125
- ❶164 [M11] Trafikanten S. 127
- ▪165 [M7] Mathallen S. 16

> Hier nicht aufgeführte Nummern liegen außerhalb der abgebildeten Karten. Ihre Lage kann aber wie bei allen Ortsmarken im Buch mithilfe unserer Kartenansichten unter Google Maps™ gefunden werden (s. S. 133).

Anhang
Der Autor, Zeichenerklärung

Der Autor

Der gebürtige Erfurter **Martin Schmidt** wohnt seit 1993 in Halle (Saale), wo er Geografie studierte. Seit der Wendezeit interessiert er sich für Norwegen und bereist das Land mehrmals im Jahr. 2004 machte sich Martin Schmidt mit dem „Norwegen-Service" selbstständig (Infos: www.norwegen-info.net). Er gibt u. a. Norwegischkurse und verfasst Sprachlehrbücher und Reiseführer. Bei REISE KNOW-HOW sind von ihm die Bücher „Norwegen" und „Südnorwegen" erschienen. Oslo lernte er bei zahlreichen mehrwöchigen Aufenthalten auf der Sommerschule (ISS) kennen und schätzen. Er bereist die Stadt regelmäßig und liebt es, ihre verborgenen Seiten zu erkunden.

Zeichenerklärung

- Hauptsehenswürdigkeit
- Arzt, Apotheke, Krankenhaus
- Bar, Bistro, Klub, Treffpunkt
- Camping, Zeltplatz
- Bibliothek
- Café
- Fischrestaurant
- Galerie
- Geschäft, Kaufhaus, Markt
- Hotel, Unterkunft
- Informationsstelle
- Internetcafé
- Jugendherberge, Hostel
- Kino
- Kirche
- Kneipe, Pub, Biergarten
- Museum
- Musikszene, Disco
- Parkplatz
- Pension, Bed an Breakfast
- Polizei
- Restaurant
- Straßenbahn *(trikk)*
- T-bane-Station (U-Bahn)
- Theater
- Vegetarisches Lokal

- Stadtspaziergang (s. S. 8)
- Shoppingareale
- Gastro- und Nightlife-Areale

Bildnachweis

Die Kürzel an den Abbildungen stehen für folgende Fotografen, Firmen und Einrichtungen. Wir bedanken uns für die freundliche Abdruckgenehmigung.

Umschlag	Fotolia.com/Julius Fekete
ms	Martin Schmidt (der Autor)
be	Bjørn Eirik Østbakken/ Innovation Norway
nb	Nancy Bundt/ Innovation Norway
tb	Ter Terje Borud/ Innovation Norway
Seite 2	Goran Bogicevic (Dreamstime.com)

Bewertung der Sehenswürdigkeiten

- ★★★ auf keinen Fall verpassen
- ★★ besonders sehenswert
- ★ wichtige Sehenswürdigkeit für speziell interessierte Besucher

Oslo, Umgebung 143
☐ Legende Seite 139